100가지 사진으로 보는
새들의 신비

벤 호어 지음
안젤라 리자, 다니엘 롱 그림
김미선 옮김
이정모 감수

책과함께어린이

들어가며

어렸을 때, 분홍색과 흰색, 검은색이 어우러진 특이한 새가 제 앞을 날아간 적이 있어요. 나중에 그 새 이름이 후투티라는 것을 알았지요. 그때부터 저는 평생 새에 푹 빠져 지냈답니다. 여러분도 이 책을 읽고 나서 저만큼 새가 좋아지기를 바라요! 새는 너무나 멋진 존재예요. 하늘의 지배자이며 오늘날 살아 있는 생명체 중 유일하게 깃털이 있지요. 사실 지구상에 깃털을 달고 나타난 첫 번째 동물은 공룡이었어요. 따라서 새는 공룡의 후손인 셈이지요. 새 하나하나가 살아 있는 공룡이라는 말이에요. 무척이나 신기하고 놀랍지 않나요!

새들은 참 흥미로운 동물이에요. 그만큼 재미있는 이야기도 많이 들려주지요. 우리가 알고 있는 모든 것을 먹고, 아름다운 목소리로 지저귀며, 아주 멋진 둥지도 지어요. 그뿐만 아니라 친구도 사귀고, 엄청난 기교로 춤을 추며, 깊은 물속에서 잠수해요. 서로에게 속임수를 쓰고, 심지어 도구도 사용할 줄 알지요. 무엇보다도 새는 어디에서나 있어요. 도시 한복판에서부터 숲, 사막, 산꼭대기 그리고 바다 저 멀리까지도요. 이 책은 새들의 모습을 낱낱이 알려 줄 거예요. 이렇게 멋진 새들과 지구에 함께 산다니 우리는 참 운이 좋아요.

저자 벤 호어

차례

자바공작 4	호아친 76	파랑어치 148
사다새 6	케찰 78	수염방울새 150
에뮤 8	올빼미앵무 80	나마쿠아사막꿩 152
아프리카대머리황새 10	호로새 82	쿠바트로곤 154
뱀잡이수리 12	토코투칸 84	킬디어 156
두루미 14	로드러너 86	불꽃바우어새 158
흑고니 16	흰줄박이오리 88	긴꼬리마나킨 160
나그네알바트로스 18	뿔논병아리 90	유럽찌르레기 162
안데스콘도르 20	뻐꾸기파랑새 92	**날개** 164
수염수리 22	몬테수마오로펜돌라 94	북부홍관조 166
새의 진화 24	**둥지** 96	요란팔색조 168
부채머리수리 26	쏙독새 98	흰가슴물까마귀 170
느시 28	뱀눈새 100	황여새 172
붉은꼬리열대새 30	검은댕기해오라기 102	큰꿀잡이새 174
하야신스금강앵무 32	웃음물총새 104	사랑앵무 176
큰군함조 34	자메이카쏙독새 106	푸어윌쏙독새 178
꼬마홍학 36	도가머리딱따구리 108	쇠벌잡이새 180
부리 38	작은반점키위 110	검은등칼새 182
큰거문고새 40	쇠푸른펭귄 112	**발** 184
민물가마우지 42	매 114	윌슨극락조 186
검은부리아비 44	케이프사탕새 116	참새 188
붉은다리카리아마 46	리빙스턴투라코 118	딱따구리핀치 190
코뿔새 48	큰뒷부리도요 120	집단베짜기새 192
꿩 50	흰바다제비 122	오목눈이 194
가마우지 52	비둘기 124	유럽울새 196
진홍저어새 54	회색앵무 126	요정올빼미 198
푸른발부비새 56	댕기바다오리 128	진홍꿀먹이새 200
흰기러기 58	가위꼬리딱새 130	요정굴뚝새 202
알락해오라기 60	물닭 132	검은등난쟁이물총새 204
적색야계 62	북극제비갈매기 134	재봉새 206
호주숲칠면조 64	뻐꾸기 136	쿠바토디 208
주홍따오기 66	**알** 138	벌새 210
큰회색올빼미 68	흰제비갈매기 140	생명의 나무 212
깃털 70	목도리도요 142	용어 풀이 214
큰까마귀 72	후투티 144	그림으로 보는 새들 216
유럽재갈매기 74	안데스바위새 146	사진 출처 224

자바공작

자바공작의 깃털은 햇빛을 받으면 반짝반짝 빛나요.

자바공작, 동남아시아.
수컷 자바공작은 꼬리 깃털을 활짝 편 채 위풍당당하게 걸어요. 이렇게 해서 암컷 공작의 눈길을 사로잡는답니다.

"우아, 아!"
이 괴상한 울음소리는 뭐지요? 수컷 공작이 우는 소리랍니다! 아침저녁에 수컷
공작은 울음소리를 내어 다른 공작에게 짝을 찾고 있다고 알려요. 암컷이
이 소리를 들으면 "아, 와!" 하고 대답하고는 숲으로 수컷을 찾아가지요.

수컷 자바공작은 춤을 추며 암컷의 마음을 사로잡으려 해요. 우선 기다란 꼬리를
활짝 펴서 깃털의 눈동자 모양 무늬를 뽐내지요. 그러고 나서 꼬리를 흔들어
무늬가 반짝이게 해요. 깃털의 점무늬가 많을수록 암컷은 더 관심을 보이겠지요!
아시아에는 인도공작이라는 종도 있는데, 온몸이 아름답고 파란 윤기가
흐른답니다.

새끼 사다새는 머리를 부모의 부리 속에 집어넣어 물고기를 먹어요.

사다새

사다새는 어마어마하게 큰 부리를 만능 고기잡이 채로 삼아 물고기를 낚아채요. 부리에는 주머니 모양으로 쭉 늘어나는 가죽이 붙어 있어요. 그래서 주걱처럼 사용해서 물고기를 뜬답니다. 부리 주머니에는 물고기뿐만 아니라 물도 들어가요! 그래서 사다새는 부리를 벌려 물을 흘려보내고 나서 물고기를 먹어야 한답니다.

사다새는 물고기 떼와 나란히 헤엄치기도 해요. 그러면 물고기를 손쉽게 잡을 수 있으니까요. 어떤 사다새는 어린이와 몸무게가 비슷할 정도로 무겁답니다. 사다새가 살고 있는 호수와 늪 위로 날아오르려면 거대한 날개를 펄럭여 물 위를 가로질러야 해요. 하늘에서 사다새는 독수리, 매 같은 맹금류가 날아오르는 만큼이나 높이 치솟는데, 비행기만큼 높이 날 때도 있답니다.

사다새, 아시아 및 유럽.
사다새의 부리는 물을 11리터나 담을 수 있어요. 배 속에 담을 수 있는 양보다 더 많답니다.

에뮤의 세계에서는 아빠가 새끼를
헌신적으로 돌본답니다.

에뮤

이것은 공룡의 발이 아니에요. 에뮤의 발이랍니다. 에뮤는 뭐든지 거대해요.
지구에서 타조 다음으로 큰 새이기도 하고요. 몸무게도 12살 어린이와 맞먹어요.
발자국도 놀랄 만큼 크답니다. 이 책의 높이와 비슷해요!

하지만 에뮤의 날개는 보이지도 않을 정도로 작아요. 보송보송한 깃털은
날아다니기에 알맞지 않고요. 에뮤는 날 수 없지만 어디든 걸어 다녀요. 위험한
상황이 닥치면 뛰어가기도 해요. 에뮤는 세계에서 가장 빠른 육상 선수도 가볍게
제칠 수 있어요. 천적과 마주치면 강력한 발로 걷어차서 공격을 막기도 한답니다.

에뮤, 오스트레일리아.
에뮤의 거대한 발에는 강력한 발가락이 세 개 달려 있어요. 발가락은 뾰족한 발톱으로 무장했답니다.

아프리카대머리황새

아프리카대머리황새는 날 수 있는 새 중 크기가 가장 큰 종에 속해요. 아프리카 초원을 높이 날아오르며 먹이를 찾지요. 황새는 주로 죽은 동물을 먹지만, 먹잇감을 잡아먹기도 해요. 거대한 부리로 가죽을 찢고 털을 헤쳐서 고기를 먹어요. 황새의 대머리가 우스꽝스럽다 생각할 수도 있지만, 덕분에 털을 더럽히지 않고 먹을 수 있지요.

부리 아래에 희한하게 생긴 고깔 모양은 무엇일까요? 가죽이 축 늘어진 주머니인데, 풍선처럼 크게 부풀릴 수 있답니다! 다른 황새와 싸울 때나, 암컷에게 뽐내고 싶을 때 부풀리지요. 어떤 이들은 아프리카대머리황새가 못생기고 무섭다고 하지만, 사실 아주 멋진 새랍니다. 여러분도 그렇게 생각하지 않나요?

아프리카대머리황새는 사자들이 사냥할 때마다 따라다녀요. 그래야 남은 고기를 먹을 수 있거든요.

아프리카대머리황새, 아프리카.
수컷과 암컷 모두 목 아래로 가죽 주머니가 있어요. 발가락은 뾰족한 발톱으로 무장했답니다.

뱀잡이수리, 아프리카.
뱀잡이수리는 드물게
속눈썹이 있는 새 중에
하나예요.

뱀잡이수리

맹금류들은 대부분 순간적으로 공격하거나 미끄러지듯 내려와서 먹잇감을 잡아요. 그런데 뱀잡이수리는 다르답니다! 덩치가 큰 뱀잡이수리는 아프리카 평원을 성큼성큼 걸어 다니며 땅 위에서 사냥해요. 길고 강력한 다리로 들쥐며 뱀, 작은 동물 등을 짓밟아 버리지요. 불이 나는 곳이라면 어디든지 달려가 막 도망치려는 다른 동물들을 잡아요. 하지만 필요할 때에는 날 수도 있어요.

뱀잡이수리의 영어 이름은 '시크리터리 버드Secretary Bird'로 '비서의 새'라는 뜻이에요. 어쩌다 이런 이름이 지어졌을까요? 확실히 알려진 사실은 없지만, 머리에 달린 검은 깃털과 관련이 있어요. 사진에 보이는 것처럼 뱀잡이수리의 검은 깃털은 옛날에 비서들이 쓰던 깃펜과 닮았다고 해요.

뱀잡이수리는 땅 위에서 뱀을 발로 콱 밟아 죽여요.

두루미

키가 크고 우아한 두루미는 잠시도 가만히 있지 못해요. 서로 만나면 금세 춤을 추기 시작하지요. 인사를 나누고 날개를 빠르게 펄럭이며 펄쩍펄쩍 뛰어요. 아이들처럼 잡기 놀이도 하고요! 수컷과 암컷은 서로에게 관심을 보이는 놀이를 하다가 함께 우아하게 춤을 추어요.

두루미는 습지와 논 같은 주로 축축한 곳에 살아요. 동아시아에서 특히 많은 사랑을 받고 있으며, 행운과 장수의 상징으로 여겨진답니다. 겨울이 춥고 눈도 많이 내리는 일본 북부에서는 사람들이 두루미에게 쌀과 옥수수를 뿌려 주어요. 덕분에 두루미들은 굶주릴 걱정 없이 개체 수를 늘릴 수 있지요.

일본에서는 두루미를 '습지의 신'이라고 불러요.

두루미, 동아시아.
두루미는 날개를 펼치고 목을 쭉 뻗으며
짝의 움직임을 완벽하게 따라 해요.

흑고니

고니는 대개 깃털이 흰색이지만, 흑고니는 칠흑처럼 어두운 색이에요. 생김새가 멋진 흑고니는 오스트레일리아 호수와 연못 어디에서나 볼 수 있지요. 심지어 도시 물가에 사는 흑고니도 있답니다. 흑고니는 작은 무리를 이루어 지낼 때가 많아요. 부모 한 쌍과 새끼 흑고니가 모여 살지요. 어린 흑고니는 검정색이 아닌 회색을 띠기 때문에 부모와 구분하기 쉬워요.

흑고니는 매우 지저분한 둥지를 만들어요. 수초와 풀 등 눈에 띄는 것이라면 무엇이든 물어 와 거대한 더미를 올리지요. 부모 흑고니는 아주 용맹하게 둥지를 지켜요. 포식자가 다가오면 쉬익 소리를 내고 날개를 사납게 펄럭여 내쫓지요.

**흑고니는 장난감 나팔을 불 때
나오는 소리를 낼 수 있어요!**

흑고니, 오스트레일리아.
흑고니는 물 위를 첨벙거리며 목을 우아한 모양으로 들어 올려요.

나그네알버트로스

나그네알버트로스는 50년 넘게 살 수 있어요. 거의 평생 육지를 벗어나 하늘을 날아오르며 혼자 지내지요. 거위만큼이나 몸이 묵직하지만 날개는 그 어떤 새보다도 길답니다. 이렇게 거대한 날개 덕분에 날갯짓을 거의 하지 않고도 바닷바람을 탈 수 있고, 머나먼 거리를 여행할 수 있어요. 부리 위에는 특이하게도 관처럼 생긴 콧구멍이 두 개 있어요. 덕분에 20킬로미터나 떨어진 곳에서도 물고기나 오징어와 같은 먹잇감의 냄새를 맡을 수 있어요.

알버트로스는 평생 같은 동반자와 지내요. 오랫동안 떨어졌다가도 둥지를 트는 섬에서 만나면 서로 부리를 달각거리며 반갑게 인사를 나누지요. 자식에게도 헌신적인 부모여서, 일 년 가까이 새끼를 키우며 보내요.

이 거대한 새의 날개폭은 약 3.5미터에 이른답니다.

**나그네알버트로스,
대서양 및 태평양, 남빙양.**
알버트로스는 육지에서 멀리 떨어진 섬에서 새끼를 한 번에 한 마리씩 길러요.

안데스콘도르

콘도르는 공기의 흐름을 타고 하늘 위로 날아올라요.

안데스콘도르, 남아메리카.
콘도르는 하늘을 날 때 날개 끝에 있는 거대한 깃털로 방향을 조정해요.

안데스콘도르는 크기가 어마어마한 대머리 새에요. 몸무게는 고니와 비슷하고, 날개가 세계에서 가장 큰 새에 속하지요. 콘도르 대부분은 높다란 봉우리가 많은 남아메리카 안데스 산맥에 살아요. 신기하게도 날개를 단 한 번도 펄럭이지 않고 몇 시간 동안 활강할 수 있답니다.

콘도르는 독수리의 일종으로 죽은 동물을 주로 먹어요. 후각이 그다지 예민하지 않아서, 뛰어난 시각으로 먹이가 있는 곳을 찾아내지요. 그리고 많은 고기를 한 번에 꿀꺽 먹어치울 수 있어요. 작은 동물 크기만큼 먹을 수 있는데, 때로 너무 배가 불러서 날기 힘들어할 때도 있답니다!

수염수리는 거의 대부분 뼈만 먹어요.

수염수리

독수리는 구부러진 부리와 날카로운 발톱이 있는 아주 큰 새에요. 대체로 다른 포식 동물이 먹고 남긴 사체를 먹지, 직접 먹이를 잡지는 않지요. 그런데 수염수리는 고기를 먹지 않고 뼈를 먹어요. 작은 뼈는 통째로 삼키지만, 커다란 뼈는 공중에서 바위로 떨어뜨리고 산산조각 내서 먹어요. 위에서는 아주 강력한 위산이 나와서, 뼈를 재빨리 녹일 수 있답니다.

수염수리라는 이름은 부리 아래에 달린 검은 깃털 다발 때문에 지어졌어요. 깃털 다발이 마치 턱수염처럼 보이거든요. 산 위를 올려다보면 수염수리가 나는 모습을 볼 수 있어요. 수염수리는 웅덩이에서 목욕하기를 좋아하는데, 가슴 깃털이 물속의 철 성분에 반응해 주황색으로 변한답니다. 왜 그런지는 아무도 몰라요!

수염수리, 아프리카, 아시아, 유럽.
수염수리는 시력이 매우 뛰어나 멀리 있는 먹잇감도 잘 찾아내요.

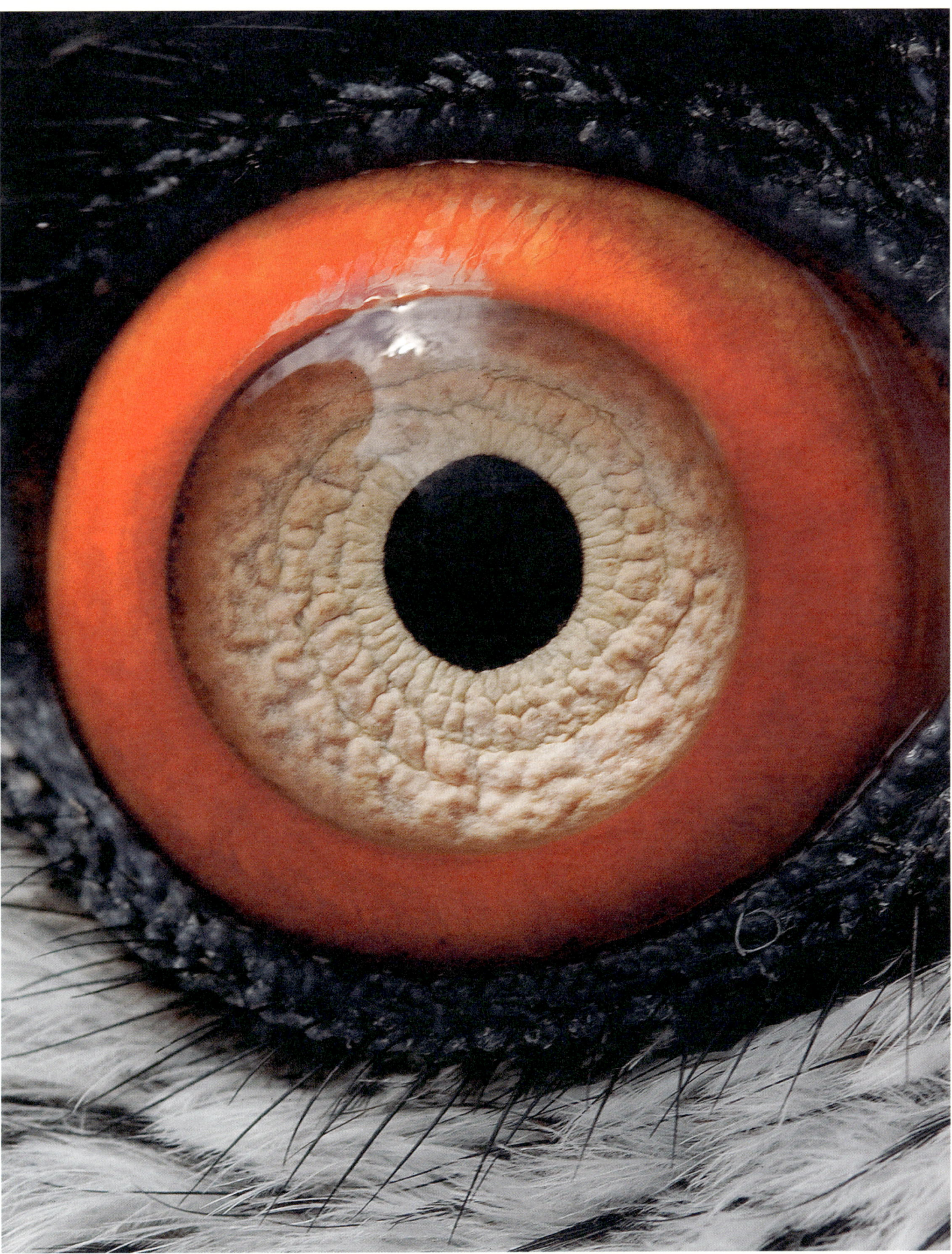

놀랍게도 시조새의 화석에서 검은 날개 깃털이 있었다는 사실이 알려졌어요.

데이노니쿠스는 크기가 북극곰만 한 수각룡이었는데, 깃털이 있던 것으로 보여요.

시조새

이 작은 공룡에게는 새라고 볼 수 있는 많은 특징이 있었어요. 우선 깃털로 덮여 있고 부리도 있지요. 하지만 날 수는 없었어요. 짧은 거리는 활강할 수 있었을지도 모르지만요. 그리고 날카로운 이빨이 아직 남아 있었답니다.

수각류

대형 공룡에 속하는 수각류 중에는 여러분에게 친숙한 공룡이 많아요. 티라노사우루스도 그중 하나이지요! 수각류는 대부분 육식이었고 일부는 깃털이 있었어요. 하지만 날지는 못했지요. 대신 깃털로 몸을 따스하게 유지하거나 알록달록한 색으로 짝의 마음을 끌어들였을 거예요.

새의 진화

오늘날 새는 남극에서 북극까지 세계 어디에서나 살아요. 그런데 새들은 어디에서 왔을까요? 새가 원래 공룡이었다는 사실을 알면 깜짝 놀랄걸요! 약 9500만 년 전 최초의 새가 수각류라는 공룡 무리에서 진화했어요. 다만 수각류는 깃털이 있는 파충류였답니다. 여러 세대를 거치며 초기 새들은 이빨과 꼬리가 사라지고 부리가 발달했어요. 그리고 하늘로 날아오르기 시작했답니다! 현재 전 세계에는 1만 1,000가지가 넘는 새들이 살아요.

공자새

공자새는 까마귀와 크기가 비슷한 초기 새였어요. 화석에 남아 있는 깃털과 날개로 보아 짧은 거리를 날아다닌 것으로 추측해요. 꼬리 깃털이 두 개 있었지만 꼬리 자체는 다른 초기 새들보다 훨씬 짧았답니다.

다른 초기 새들처럼 공자새도 날개에 발톱이 있었어요.

이크티오르니스

오늘날 갈매기와 비슷하게 생긴 이크티오르니스는 바닷가에 살았어요. 비상근(비행을 할 때 사용하는 근육)에 튼튼한 뼈가 붙어 있어 뛰어난 비행 실력을 자랑했지요. 부리에는 이빨이 남아 있어서 물고기를 잡는 데 이용했어요.

아스테리오르니스

아스테리오르니스는 가장 먼저 등장한 새예요. 현재 살아 있는 새들과 비슷한 특징이 많이 발견되었지요. 닭과 같은 가금류에 속했기 때문에 별명도 '놀라운 닭'이었답니다! 아스테리오르니스는 조류에 속하지 않은 공룡이 멸종하기 직전에 살았으며, 부리에 이빨이 없었어요. 깃털이 있었을 가능성이 높고, 하늘을 날 수 있었다고 추측되어요.

아스테리오르니스는 다리가 길었고 해안가에서 먹이를 찾았어요.

현재의 새들

오늘날에는 크기와 생김새가 가지각색인 새들이 어마어마하게 많아요. 모두 이빨이 없고 부리만 있으며 깃털이 달려 있지요. 대부분 날 수 있고요. 하지만 자세히 살펴보면, 고대 공룡과 닮은 점을 몇 가지 찾을 수 있어요.

25

부채머리수리

부채머리수리의 발톱은
불곰의 발톱만큼이나 길어요.

부채머리수리, 중앙아메리카 및 남아메리카.
부채머리수리는 네 발가락마다 기다란 발톱이 달려 있어요.
세 개는 앞을, 나머지 하나는 뒤를 향해 있지요.

원숭이들은 부채머리수리의 모습이 보이면 재빨리 물속으로 뛰어들어 숨어요. 부채머리수리는 세계에서 가장 큰 독수리 중에 하나로, 원숭이도 잡아먹을 수 있답니다. 커다란 몸으로 꼭대기에서 바로 돌진하여 거대한 발톱으로 먹잇감을 움켜잡지요. 나무늘보는 부채머리수리가 가장 좋아하는 먹잇감이에요.
부채머리수리는 덩치가 커도 조용히 날 수 있어요. 그래서 나무 위에서 자고 있던 나무늘보를 눈 깜짝할 사이에 낚아채 버리지요.

부채머리수리는 열대 우림에 살며, 한 동반자와 평생 함께 살아요. 둘이 힘을 합쳐 2인용 침대만 한 커다란 둥지를 짓지요. 여러분이 안에 들어가도 끄떡없을 정도로 튼튼하답니다! 부채머리수리는 한 번에 알을 하나만 낳고 최대 10개월까지 새끼를 키워요.

느시

느시를 보면 거대한 닭과 닮았다는 생각이 들 테지요. 하지만 닭과 달리 날 수 있어요. 수컷 느시는 날 수 있는 새 중 가장 큰 편에 속해요. 여기서 더 무거워진다면 날갯짓으로 공중에 올라가지 못하겠지요! 그래서인지 느시는 비행보다 걷기를 더 좋아해요.

느시는 초원과 들판을 이리저리 돌아다녀요. 씨앗을 비롯해 곤충, 쥐, 개구리 등 눈에 보이는 먹을거리라면 무엇이든 꿀꺽 먹어 치우지요. 봄이 되면 수컷 느시는 함께 모여 암컷에게 모습을 마음껏 뽐내요. 무리 지어 목을 한껏 부풀리고 꼬리와 날개 깃털을 활짝 펼쳐요. 그 모습이 마치 하얀 솜털 뭉치 같답니다!

수컷 느시는 기다란 깃털을 수염처럼 길러요.

느시, 아시아와 유럽.
수컷 느시는 암컷과 매우 비슷하게 생겼어요. 암컷에게 사랑을 구할 때만 모습이 달라지지요.

붉은꼬리열대새

바다 저 멀리에 하얀 점이 움직이고 있어요. 가까이 가서 보면 새라는 것을 알아차릴 수 있지요. 그런데 신기한 꼬리가 달려 있어요! 이 새가 바로 붉은꼬리열대새예요. 붉은 깃털 두 개가 꼬리 가운데에 달렸는데, 무척이나 길답니다. 마치 자전거 뒤에 달린 색 테이프 같아요.

붉은꼬리열대새는 평생 대부분 파도 위를 날아다니며 보내요. 그러다 바다로 뛰어들어 물고기나 오징어를 잡아먹지요. 때로 바다 위에서 쉬기도 해요. 붉은꼬리열대새도 갈매기와 오리처럼 발에 물갈퀴가 있지만, 헤엄 실력이 뛰어나지는 않아요. 단 한 가지 이유로 육지를 찾는데, 바로 새끼를 기르기 위해서예요. 주로 사람들의 발이 닿지 않는 머나먼 섬에 둥지를 틀지요.

붉은꼬리열대새, 인도양 및 태평양.
기다란 붉은 꼬리 깃털이 몸통보다 더 긴 경우도 있어요.

붉은꼬리열대새는 둥지를 볼품없게 지어요.
주로 땅에서 긁어모은 재료로 만들지요.

하야신스금강앵무

하야신스금강앵무는 가장 좋아하는 먹이인 견과류를 찾아 아주 멀리까지 날아가요.

화려한 생김새로 눈을 사로잡는 하야신스금강앵무는 지구에서 가장 큰 앵무새예요. 아름다운 파란 깃털로 뒤덮여 있고, 눈과 부리 주위는 밝은 노란색이지요. 이렇게 화려한 자태로 눈길을 사로잡지만, 모습을 보기 전에 이 새의 울음소리가 먼저 들릴 거예요. 엄청나게 시끄럽거든요. "끄락, 끄락!" 하는 울음소리는 이 새가 사는 숲과 습지에서 멀리 떨어진 곳까지도 들린답니다.

하야신스금강앵무의 부리는 힘이 엄청나서 마음만 먹으면 여러분의 손가락도 와작 으스러뜨릴 수 있어요. 하지만 온순하기 때문에, 주로 단단한 견과류 껍질을 부수어 안에 있는 맛있는 열매를 꺼낼 때 부리를 쓴답니다. 여느 앵무새처럼 하야신스금강앵무도 짝과 끈끈한 관계를 유지하며, 부부가 평생을 함께 보낸답니다.

**하야신스금강앵무,
남아메리카.**
하야신스금강앵무는 어디든 짝을 지어 다녀요. 서로 깃털을 다듬고 치장해 주지만, 먹이를 나누려고 하지는 않는답니다!

큰군함조

수컷 큰군함조는 기막힌 재주를 부려요. 짝짓기 철에 암컷의 시선을 끌려고 목에 있는 가죽 주머니를 크게 부풀린답니다. 주머니 안을 공기로 가득 채워, 커다랗고 붉은 하트 모양으로 만들어요. 북처럼 부리로 두드리기도 하지요.

군함조는 바다에 살며 섬에서 커다란 무리를 이루어 둥지를 틀어요. 물고기를 주로 먹고요. 종종 돌고래 뒤에서 날고 있다가, 돌고래를 피해 공중으로 뛰어오르는 물고기를 낚아채기도 한답니다. 비행 실력도 엄청나게 뛰어나서 육지를 떠나 몇 주 동안이나 날 수 있어요. 심지어 공중에서 잠도 잘 정도예요. 그러나 바닷물 위에서는 결코 쉬지 않아요. 깃털이 방수가 안 되기 때문에 물에 젖으면 안 되거든요. 어떤 군함조는 60일 동안 계속 바다 위를 날았다고 해요!

암컷

수컷

큰군함조는 다른 바닷새 뒤를 쫓아 물고기를 빼앗아요.
마치 깃털 달린 해적 같지요.

큰군함조, 열대 대양.
수컷 큰군함조는 부리 아래에 달린 주머니를 부풀려요. 암컷은 주머니가 없어요.

꼬마홍학, 아프리카 및 아시아.
부모 홍학은 목에서 우유 같은 젖을 토해서 새끼에게 먹여요. 젖도 분홍색이랍니다!

꼬마홍학

아프리카 호수가 밝은 분홍 바다처럼 보일 때가 있어요. 꼬마홍학이 호수를 가득 채우기 때문이지요! 온몸이 분홍색인 꼬마홍학은 큰 무리를 지어 먹이를 먹고 새끼를 키워요. 일 년 중 특정 기간에는 꼬마홍학 100만 마리가 한 호수에 있는 모습도 볼 수 있어요.

홍학은 구부러진 부리를 물속에 거꾸로 넣어 휘휘 저어요. 이렇게 하면 물속을 둥둥 떠다니는 작은 조류가 부리에 조금씩 걸리지요. 조류만 먹다 보니 홍학은 아름다운 분홍색을 띠게 되었어요. 홍학은 주로 밤에 먹이를 먹고 낮에는 휴식을 취해요. 한쪽 다리는 몸속에 집어넣고, 한 다리로만 서서 쉬는 모습을 볼 수 있어요. 우리 눈에는 불편해 보일 수 있지만 이렇게 해야 에너지를 아낄 수 있다고 해요.

홍학의 발에는 물갈퀴가 있어 오리처럼 헤엄칠 수 있어요.

아가미왜가리
왜가리는 물고기 사냥 전문가예요. 아가미왜가리도 마찬가지예요. 물고기가 가까이에 올 때까지 끈질기게 기다리다가, 길고 날카로운 부리로 다트를 꽂듯이 낚아채요.

콩새
콩새의 부리는 넓은 삼각형이어서 딱딱한 견과류 껍데기와 씨앗을 까는 데 알맞아요. 부리에 있는 작은 홈으로 먹이를 고정시키고 꾹 눌러서 깨뜨리지요.

참수리의 부리는 맹금류 가운데 가장 크답니다.

부리

새들은 부리로 먹이를 잡고 깃털을 다듬어요. 그리고 둥지를 짓는 데 쓸 재료를 옮기지요. 거북도 부리가 있기는 하지만, 부리야말로 새의 가장 큰 특징이라 할 수 있지요. 새와 파충류 모두 딱딱한 부리 위에 케라틴이라는 물질이 덮여 있어요. 새들은 저마다 생활방식에 맞추어 부리가 발달했어요. 그래서 여기에 보이는 것처럼 모양과 크기, 색깔이 저마다 다르답니다.

뿔까마귀
까마귀는 어디에서나 볼 수 있고 여러 가지를 먹어요. 다양하게 쓸 수 있는 부리가 있어서 작은 먹이를 잡을 수도 있고, 다른 포식자가 먹고 남긴 동물 사체와 씨앗, 견과류, 과일 등 무엇이든 먹는답니다.

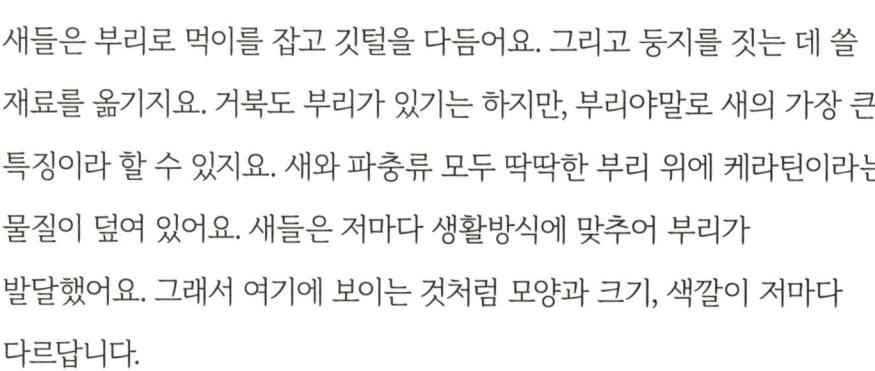

회색기러기
기러기는 풀과 씨앗을 먹어요. 부리 끄트머리 안은 톱날처럼 뾰쪽하고 오돌토돌해요. 덕분에 즙을 가득 머금은 풀을 잘게 씹어 먹을 수 있답니다.

참수리
맹금류의 부리는 예리하고 구부러져 있어서 먹잇감을 찌른 다음 잘게 찢어 꿀꺽 삼킬 수 있어요. 참수리도 뾰족한 부리로 연어 같은 긴 물고기를 찢어 먹지요.

도토리딱따구리
도토리딱따구리는 눈으로 보기 전에 소리부터 들을 수 있어요. 녀석들은 짝의 마음을 끌어들이려고 강력한 부리로 나무 기둥을 때리며 큰 소리를 내거든요. 나무를 두드리고 구멍을 뚫어 그 안에 있는 벌레를 잡아먹기도 해요. 또는 나무 기둥 속에 둥지를 만들기도 하지요.

검은집게제비갈매기
제비갈매기의 부리는 특이하게 생겼어요. 윗부리의 크기가 아랫부리보다 훨씬 작지요. 검은집게제비갈매기는 하늘 위를 날고 있다가 더 긴 아랫부리만 물에 담그고는 재빨리 물고기를 낚아채요.

태양조
태양조가 가장 좋아하는 먹이는 꽃꿀이에요. 부리가 길고 구부러져 있어 꽃잎 속으로 쏙 넣을 수 있지요. 이렇게 해서 빨대처럼 달콤한 액체를 빨아 먹어요. 태양조는 꽃과 꽃 사이를 오가며 꽃가루를 옮겨 주고 꽃가루받이(수분)를 도와요.

마도요의 부리는 기다란 집게 역할을 해요. 그래서 진흙 속에 숨은 먹잇감을 쏙 빼낸답니다.

마도요
마도요는 바닷가의 축축한 땅을 조심스럽게 오가며 부리를 진흙 속에 콕콕 박아요. 이렇게 해서 지렁이나 게와 같은 작은 동물의 움직임을 느끼는 것이지요. 만약 먹잇감이 만져지면 눈 깜짝할 사이에 잡아서 꿀꺽 삼킨답니다.

분홍울새
몸집이 작은 새들은 대부분 벌레와 거미를 잡아먹어요. 새들의 작고 뾰족한 부리는 이러한 먹이를 잡는 데 안성맞춤이랍니다. 오스트레일리아에 사는 분홍울새도 나뭇잎 위에 있는 먹잇감을 낚아채기 알맞은 부리가 있어요.

큰거문고새

암컷   수컷

거문고새는 들리는 소리라면
뭐든 따라할 수 있어요.

숲속에서 무언가 부산한 소리가 들리는군요. 큰거문고새 수컷이 내는 소리예요. 갑자기 자기가 만든 흙더미 위로 뛰어 올라가네요. 이곳은 짝에게 보여 줄 무대랍니다. 그리고 암컷이 구경하러 왔어요. 수컷 큰거문고새는 하얀 그물 같은 꼬리 깃털과 아름답게 구부러진 깃털 한 쌍을 활짝 펴서 뽐내요. 이제 휘파람 소리와 아우성, 키득거리는 소리가 섞인 노래를 부르기 시작합니다. 노랫소리는 마치 컴퓨터 음악을 합성한 것 같아요! 그런데 실제로도 숲속 동물들과 다른 새들의 울음소리를 따라서 만들었답니다. 암컷은 수컷의 장기자랑이 무척이나 마음에 들어요. 이제 거문고새 한 쌍은 부부가 되어 가족을 이루지요.

큰거문고새, 오스트레일리아.
큰거문고새는 16줄이 난 꼬리 깃털을 보고 이름 지어졌어요. 그 모습이 마치 거문고 현처럼 생겼기 때문이지요.

민물가마우지

민물가마우지는 물고기를 무척이나 좋아해요. 물고기 말고는 아무것도 먹지 않지요. 가끔 엄청나게 큰 물고기를 잡을 때가 있는데, 저렇게 큰 먹잇감을 어떻게 삼키는지 궁금하기도 해요. 다행히 민물가마우지는 목이 아주 유연해서, 커다란 먹잇감도 한 번에 꿀꺽 삼킬 수 있답니다. 헤엄치는 모습도 아름다운데, 수면 위에 있다가 물고기를 잡으러 잠수할 때 물을 거의 튀기지 않아요.

민물가마우지는 보통 호수와 강, 습지, 바닷가에서 볼 수 있어요. 물고기가 많을수록 민물가마우지는 행복하지요. 주로 무리지어 물가 숲에서 둥지를 만들어요. 똥을 자주 싸는데, 민물가마우지의 배설물로 나무는 이내 하얗게 변한답니다! 숲뿐만 아니라 땅 위에도 지저분하고 냄새 나는 둥지를 만들고는 해요.

**민물가마우지는 몸을 푹 담근 채 헤엄을 쳐요.
그렇다 보니 물 위에는 머리와 목만 보이지요.**

민물가마우지, 아프리카, 아시아, 유럽, 북아메리카, 그리고 오세아니아.
민물가마우지는 머리보다 큰 물고기도 문제없이 삼킨답니다.

검은부리아비

아비는 3분 동안 잠수할 수 있어요.

유령 같은 울음소리가 물을 타고 퍼져 나가요. 마치 누군가 흐느끼는 것 같아요. 하지만 유령은 없지요. 검은부리아비가 짝을 찾아 부르는 소리예요. 우아한 자태를 뽐내는 검은부리아비는 호수에 살며 물속에서 창처럼 뾰족한 부리로 물고기를 잡아먹어요. 물갈퀴가 달린 발은 몸의 뒤쪽인 꼬리 가까이에 있는데, 물을 박차고 속도를 올려 먹잇감을 쫓는 데 딱 알맞아요. 안타까운 점은 이러한 특징이 육지에서는 별로 쓸모가 없다는 거예요. 육지에서는 걷기 힘들어서 뒤뚱거리거나 폴짝폴짝 뛰고는 하지요.

검은부리아비는 호수 한가운데 섬에 둥지를 만들어요. 새끼를 다 키우고 나서는 바닷가로 가서 겨울을 보내지요. 해변에서 그다지 멀리 떨어지지 않은 곳에 가면 검은부리아비가 파도타기 하는 모습을 볼 수 있을 거예요.

**검은부리아비,
유럽과 북아메리카.**
솜털이 보송보송한 새끼 검은부리아비는 태어난 지 몇 시간 만에 헤엄칠 수 있답니다.

붉은다리카리아마의 다리는 무척이나 길어서 마치 기다란 막대 위에 몸을 얹은 것 같아요.

붉은다리카리아마, 남아메리카.
기다란 다리는 빠른 속도로 뛰기 알맞아요. 최고 시속이 40킬로미터에 이른답니다.

붉은다리 카리아마

수백만 년 전, 남아메리카는 공포새의 천국이었어요. 생김새가 무시무시했던 이 포식 동물은 높이가 3미터나 되었고, 독수리 같은 부리에, 발톱은 호랑이 같았지요. 새의 티라노사우루스라고나 할까요! 현재 공포새는 멸종했지만, 브라질과 아르헨티나에 간다면 공포새의 후손을 만날 수 있어요. 바로 붉은다리카리아마이지요. 물론 공포새보다 훨씬 작지만 여전히 용맹한 포식 동물이랍니다.

붉은다리카리아마는 주로 도마뱀과 뱀, 다른 새 등을 먹어요. 발로 뒤쫓아 사냥하는데, 일단 먹잇감을 잡으면 땅에 냅다 집어 던져요. 농부들은 붉은다리카리아마를 닭을 지키는 데 쓰기도 해요. 매나 여우가 보이면 큰 소리로 꽥 소리를 지르지요.

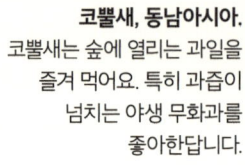

코뿔새, 동남아시아.
코뿔새는 숲에 열리는 과일을 즐겨 먹어요. 특히 과즙이 넘치는 야생 무화과를 좋아한답니다.

코뿔새

녀석의 얼굴을 보면 이름이 왜 코뿔새인지 금세 알게 될 거예요! 열대 우림에 사는 코뿔새는 부리 위에 코뿔소처럼 커다란 뿔이 높다랗게 솟아 있답니다. 뿔은 주황색과 노란색이며, 안이 비어 있어서 큰 소리를 낼 수 있어요. 서로를 부를 때 빵빵 또는 컹컹 소리를 내며 우는데, 아주 먼 곳에서도 들릴 정도예요.

코뿔새는 퍽 희한하게 둥지를 지어요. 암컷은 나무 기둥의 구멍 속으로 기어오른 뒤, 입구를 진흙과 자신의 똥으로 메우지요. 그런 다음 구멍 속에서 알을 낳고 어둠 속에서 새끼들을 길러요. 수컷은 작게 뚫린 구멍으로 먹이를 가져다주고요. 마침내 암컷과 어린 코뿔새들은 둥지 입구를 뚫고 열대 우림 밖으로 나와요.

**코뿔새는 날면서 "우우쉬, 우우쉬" 하고 소리를 내요.
날개는 또 얼마나 거대하다고요!**

장끼와 까투리, 아시아, 유럽, 북아메리카.
수컷인 장끼는 화려한 깃털을 자랑하지만, 암컷인 까투리의 깃털은 밋밋한 갈색이에요.

수컷   암컷

꿩

어린 꿩은 알을 깨고 나오자마자 스스로 먹이를 찾아 먹어요.

테밍크트라고판, 아시아.
테밍크트라고판은 암컷의 시선을 끌려고 목에 있는 파란색과 붉은색 피부를 풍선처럼 부풀려요.

무지개꿩, 아시아
수컷 무지개꿩은 화려한 깃털을 뽐내며 암컷에게 구애의 춤을 추어요.

은계, 아시아.
은계의 자태는 무척이나 화려하지만 사실 신기할 정도로 수줍음이 많답니다.

꿩은 자신을 뽐내는 방법을 누구보다도 잘 알아요! 수컷이 암컷의 마음을 사로잡고 싶으면 으스대며 걷거나 머리를 숙여 인사하기도 하고, 공중 위로 뛰어오르기도 해요. 가슴을 활짝 내밀거나 날개 또는 꼬리 깃털을 부채처럼 활짝 펴기도 하지요. 이렇게 눈이 즐거운 공연을 하는 이유는 다른 수컷을 밀어내고 암컷을 차지해야 하기 때문이에요. 암컷은 둥지 안에 숨어 지내야 해서 색깔이 단조로운 편이랍니다.

꿩은 주로 숲과 산, 초원에서 볼 수 있어요. 날 줄도 알지만 걷거나 뛰기를 더 좋아하지요. 꿩은 닭과 칠면조와 친척 관계이고, 서로 비슷하게 다리가 튼튼해요. 수컷 꿩은 다리 뒤에 뾰족한 징 모양이 달려 있는데 다른 꿩과 싸울 때 이용해요.

청란, 동남아시아
수컷 청란은 암컷의 마음을 사로잡으려고 날개를 커다란 부채처럼 활짝 펴요.

가마우지

가마우지, 북아메리카 및 남아메리카.
가마우지는 먹잇감을 공중으로 휙 던진 다음, 머리부터 한 번에 꿀꺽 삼켜요.

가마우지는 뾰족한 부리로 물고기를 찔러서 잡는답니다.

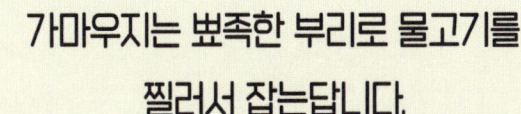

늪과 습지는 가마우지의 보금자리예요. 이 특이한 점이 많은 민물 새는 매끈한 몸매에 발에는 물갈퀴가 달려 있지요. 게다가 가느다란 머리와 긴 목은 하늘로 꼿꼿이 향해 있어요. 어딘가에 숨은 모습을 보면 마치 뱀과 같답니다! 그래서 이 새를 가리켜 '뱀 새'라 부르기도 해요.

가마우지는 다른 새들과 달리, 깃털이 물에 젖는 것을 막아 주는 기름샘이 없어요. 그래서 물에 들어가면 완전히 젖어서 나오지요. 가마우지는 물고기 사냥을 마칠 때마다, 강둑에 서서 날개를 활짝 펴고 햇빛에 말려야 해요. 우리가 빨래를 하고 빨랫줄에 옷을 너는 것처럼 말이지요.

진홍저어새

입에 숟가락이 달려 있다면 음식을 먹기 힘들겠지요! 하지만 저어새에게 숟가락처럼 생긴 부리는 쓸모 있는 도구예요. 저어새는 요 특이하게 생긴 부리를 물속에 담그고는 살짝 벌린 채 옆으로 휘휘 저어요. 그러다 먹잇감이 느껴지면 재빨리 다물지요. 진홍저어새는 대체로 작은 새우와 물에 사는 조그만 동물을 먹어요. 그 밖에 게와 물고기도 먹지요.

저어새는 여섯 종류가 있는데, 모두 습지나 바닷가에 살아요. 진홍저어새는 유일하게 색이 분홍색인 종류로, 번식기가 되면 밋밋한 머리가 노란색과 초록색으로 바뀌어요. 서로 무리지어 모일 때에는 부리로 딱딱 소리를 내며 반갑다는 인사를 나눈답니다.

진홍저어새, 북아메리카 및 중앙아메리카, 남아메리카. 저어새의 부리는 예민해서 먹잇감을 잘 느낄 수 있어요. 길이는 최대 18센티미터까지 자라지요.

어린 진홍저어새의 부리는 곧은 모양이에요. 어른이 되면 주걱 모양으로 발달하지요.

수컷　　　암컷

부비새는 개처럼 헐떡여서
뜨거운 태양 아래 오른 체온을
식혀 주어요.

푸른발부비새, 북아메리카와 남아메리카.
부비새는 부화한 직후에는 발이 갈색이지만 자라면서 파란색으로 바뀌어요.

푸른발부비새

수컷 푸른발부비새의 발은 세상에서 가장 멋져요. 짝을 찾을 때 아주 느린 동작으로 춤을 추는데, 발을 한 발씩 들어 올리며 암컷의 마음을 끌어들이지요. 발의 색깔이 밝을수록 더 튼튼하고 건강해요. 부비새는 바닷새이기 때문에 육지에서 동떨어진 섬에서 번식해요. 암컷이 수컷을 향해 꽉꽉 하고 울면 수컷은 휘파람 소리로 대답하지요. 부비새가 둥지를 만든 위치는 금방 알 수 있어요. 돌투성이 땅 위에 흰 배설물을 둥근 모양으로 남겨 놓거든요.

부비새는 바다로 날아가 잠수하여 물고기를 잡아요. 날개를 접은 채 물속으로 총알같이 뛰어들지요. 육지에서는 사람들을 무서워하지 않아요. 뒤뚱거리는 모습이 마치 광대 같아 보인다고 '부비'라는 이름이 지어졌어요. 부비는 에스파냐어 '보보'에서 왔는데, 우스꽝스럽다는 뜻이랍니다.

흰기러기, 북아메리카.
흰기러기는 수천 마리가 떼로 몰려다녀요.

흰기러기는 'V'자 모양으로 비행할 때가 많아요.

흰기러기

흰기러기는 대부분 몸통이 새하얀 색이에요. 흰기러기 떼가 하늘 위를 날아오르면 마치 눈보라가 치는 것 같지요! 북아메리카에서 흰기러기 떼가 보이면 계절이 바뀌는 것을 의미해요. 해마다 봄이 되면 사람들은 고개를 들고 흰기러기 떼가 번식을 하러 북극 지방으로 날아가는 모습을 본답니다. 북극 지방에는 먹이로 삼을 식물이 많거든요. 수많은 기러기 부부가 넷에서 다섯 마리 정도 새끼를 키워요.

8월이 되면 흰기러기는 겨울을 보내려고 다시 남쪽으로 돌아와요. 가야 할 길이 멀기 때문에, 중간에 호수나 들판에 잠시 멈춰서 쉬거나 먹이를 먹는답니다. 사람들은 다시 흰기러기를 만나기를 기다려요. 기러기들이 도착하면 겨울이 시작되지요.

알락해오라기가 내는 소리는 5킬로미터 떨어진 곳에서도 들릴 정도로 우렁차답니다.

알락해오라기, 아프리카 및 아시아, 유럽. 알락해오라기는 긴 발가락 덕분에 갈대를 오르거나 진흙에 빠지지 않고 걸을 수 있어요.

알락해오라기

알락해오라기는 숨바꼭질의 명수예요. 주로 습지에 숨어 사는데, 물에서 무성하게 자라는 갈대숲 사이를 요리조리 헤치며 다니지요. 줄무늬 깃털은 언뜻 보면 갈대 같아요. 위험이 닥치면, 고개만 꼿꼿이 든 채 꼼짝 않고 서서 포식자의 눈에서 사라진답니다.

해오라기는 왜가리과에 속해요. 다른 왜가리처럼 다리가 길어서 물을 휘적휘적 저어 가며 걸을 수 있고, 뾰족한 부리로 물고기를 사냥하지요. 봄이 되면 수컷 해오라기는 우렁찬 소리를 내어 영역 표시를 해요. 빈 유리병을 힘차게 불면 나오는 소리와 비슷하답니다!

수컷 적색야계는 꼬끼오 하고
큰 소리로 울어요.

수컷

암컷

적색야계, 아시아.
수컷 적색야계는 발에 뾰족한
징 모양이 달려 있어요. 주로
싸울 때 이용하지요.

적색야계

생김새가 참 친숙하지요? 적색야계는 수천 년 전 처음 농장에서 가축으로 기른 야생 닭이에요. 맨 처음 자라난 곳은 동남아시아 열대 우림인데, 지금도 야생에 살고 있어요. 암컷 적색야계는 대부분 갈색이라 둥지에 숨기 좋아요. 하지만 수컷의 깃털은 알록달록하고 머리에는 올록볼록한 볏이 달려 있답니다.

집에서 기르는 닭은 세계에서 가장 흔한 새에요. 지구에는 닭이 인간보다 네 배나 더 많답니다! 검사를 해 보니 닭도 꽤 똑똑하다는 사실이 밝혀졌어요. 꿈을 꾸고, 기억력도 좋으며, 간단한 퍼즐도 맞출 줄 알지요. 그래서 달걀과 고기를 얻으려고 닭을 기를 때에는 최대한 정성껏 돌보아 주어야 해요.

숲칠면조 암컷은 커다란 알을
24개까지 낳아요.

호주숲칠면조

새는 알이 부화할 때까지 따뜻한 온도를 유지해야 해요. 보통 알 위에 앉아서 따뜻하게 품지만, 호주숲칠면조는 다른 방법을 써요. 바로 부화 장치를 만드는 거예요. 나뭇잎과 흙을 발로 차서 거대한 더미를 만드는데, 차 몇 대와 맞먹을 정도로 무거워요! 그다음 암컷이 올라가 더미 안에 알을 낳아요. 더미 속 나뭇잎은 썩으면서 열을 내는데, 이 열로 알을 따스하게 데워 준답니다.

숲칠면조는 매일 더미를 살펴보아요. 안이 너무 춥다고 느끼면 나뭇잎을 더 많이 쌓아 올리지요. 지나치게 더우면 나뭇잎을 걷어내요. 약 50일이 지나면 새끼 칠면조가 부화하여 땅을 파고 나온답니다.

호주숲칠면조, 오스트레일리아.
숲칠면조는 커다랗고 닭과 비슷하게 생긴
새예요. 머리는 붉고 털이 없답니다.

주홍따오기

따오기는 길고 구부러진 부리가 있는 물새예요. 대부분 흰색과 갈색, 검정색이지만, 딱 하나 색깔이 다른 따오기가 있어요. 주홍따오기는 깃털에 물감을 부은 듯 새빨간 색이에요. 선명한 붉은색은 분홍따오기가 주로 먹는 게와 새우 등 갑각류에서 왔답니다. 붉은색을 띠는 먹이를 많이 먹을수록 깃털 색은 더 빨개지지요. 따오기는 딱정벌레와 개구리도 많이 먹어요.

주홍따오기는 열대 습지와 늪에서 사는데, 무리지어 나무에서 둥지를 틀어요. 알록달록한 새들이 나무에 모인 것을 멀리서 보면 마치 색다른 과일이 열린 것 같답니다! 어린 주홍따오기는 갈색이지만, 자라며 점점 붉은빛으로 바뀌어요.

주홍따오기, 남아메리카.
주홍따오기 깃털은 날개 끝의 검정색을
뺀 나머지가 모두 붉은색이에요.

어린 주홍따오기는 날기 전에
헤엄부터 칠 수 있어요.

올빼미는 부드러운 날개 깃털 덕분에 소리 없이 날 수 있어요.

큰회색 올빼미

큰회색올빼미, 아시아 및 유럽, 북아메리카.
큰회색올빼미의 얼굴은 비행접시처럼 둥글고 거대해요. 귀를 움직여서 소리가 나는 곳을 알아내고 따라간답니다.

올빼미는 어두운 곳에서도 뛰어난 시력과 청력을 발휘해요. 덕분에 밤에도 사냥을 할 수 있지요. 너무 어두워서 우리 눈에는 잘 보이지 않는 먹잇감도 그 위치를 쉽게 파악해요. 큰회색올빼미와 같은 일부 올빼미는 낮에도 활발히 활동해요. 그리고 세계에서 가장 크고, 깃털이 북슬북슬한 올빼미랍니다! 주로 추운 북방 숲에서 사는데, 두껍게 덮인 깃털 덕분에 체온을 따스하게 유지할 수 있어요. 가장 좋아하는 먹이는 들쥐예요. 들쥐가 움직이는 소리가 들리면, 나뭇가지에 앉아 있다가 소리 없이 휙 내려와 날카로운 발톱으로 움켜잡지요. 들쥐가 깊숙이 쌓인 눈 아래에 숨었다고 해서 안전하지는 않아요! 큰회색올빼미는 들쥐가 움직이는 소리를 가만가만 듣다가 눈 속에 발을 파묻어 덥석 잡는답니다.

돛 모양 깃털

특이하게 생긴 깃털 중에는 원앙의 돛 모양 깃털이 있어요. 수컷 원앙에게는 이 주황빛 삼각형 깃털이 한 쌍씩 있는데, 등 뒤에 꼿꼿이 꽂혀 있지요. 알록달록한 깃털은 암컷의 마음을 끌어들일 때 이용해요.

큰 깃털

새들의 몸통은 주로 큰 깃털로 덮여 있어요. 아래는 체온을 유지해야 하기에 보송보송하지만, 맨 위는 매끈하여 깃털을 유선형으로 만들지요. 겉에서는 깃털 맨 위만 보이기 때문에, 대개 위에만 뚜렷한 색을 띠어요.

반 깃털은 윤곽이 매끈하게 이어지지 않아요.

반 깃털

반 깃털은 큰 깃털과 약간 닮았어요. 아래는 보송보송하고 위는 매끈하지요. 하지만 깃털 가닥 사이에 공간이 있어요. 이러한 깃털은 잘 보이지 않지만 체온을 유지하는 데 도움이 된답니다.

날개 깃털

새의 팔뼈에 붙어 있는 날개 깃털은 날개의 형태를 만들어요. 날개 깃털은 새들이 공기의 저항을 이겨내고 공중에 뜰 수 있도록 튼튼해야 하지요. 다른 동물들에게 뽐내려고 알록달록한 경우가 많아요.

곱슬 깃털

어떤 새들의 깃털은 일반적인 모양과 완전히 다른 것도 있어요. 왕극락조 수컷은 매우 길고 철사 같은 깃털이 있는데, 맨 위는 선명한 녹색 소용돌이 모양이에요. 암컷을 유혹할 때 이 깃털을 머리 위로 올린답니다.

빅토리아왕관비둘기는 머리 뒤에 털 모양 깃털이 부챗살처럼 달려 있어요.

털 모양 깃털

어떤 깃털은 가늘고 몇 가닥으로만 이루어져 있는데, 끝은 작은 부채처럼 생겼어요. 이러한 털 모양 깃털은 짝에게 뽐내거나 가까이 있는 물체를 감지할 때 이용하지요.

솜깃털

솜깃털은 가볍고 보송보송해요. 비행에 쓰이는 깃털은 아니지요. 대신 다른 깃털 아래에 자리 잡아 아늑한 이불 역할을 해요. 새끼가 부화하면 솜깃털만 덮여 있어요.

다양한 색상

새들의 색상은 매우 다양해요. 어떤 깃털은 색소가 없는데도, 속임수처럼 화려하게 빛나지요. 이를 구조색이라고 해요. 깃털 자체의 구조 때문에 빛이 굴절되거나 반사되어 색이 나타나는 거예요.

깃털

깃털은 새의 가장 중요한 특징일 거예요. 모든 새에게는 깃털이 있는데, 모양과 색깔이 아주 다양하답니다. 하늘을 나는 새에게 깃털은 공중에 뜰 수 있게 해 주는 비밀 병기예요. 깃털은 그 밖에 여러 역할을 해요. 체온을 따듯하게 유지하거나 물에 젖지 않게 해 주며, 비행기처럼 몸이 유선형이 되게 해요. 새들은 깃털로 다른 새들과 소통할 수 있으며, 물체를 감지하고 소리를 내기도 해요. 둥지를 만들 때는 깃털로 안을 푹신하게 한답니다.

무지갯빛 깃털은 은은한 광택이 난답니다.

위장 깃털

새들의 깃털은 밝은색이 많지만, 밋밋한 색도 있어요. 그런데 복잡한 무늬가 있는 갈색 깃털은 포식자를 속일 수 있는 완벽한 위장 수단이 된답니다. 암컷은 둥지에 몸을 숨기려고 깃털로 위장을 해요.

꼬리 깃털

수컷 공작에게는 매우 아름다운 꼬리 깃털이 있어요. 기다란 깃털 끝에 파란색과 녹색으로 이루어진 무늬가 있는데, 꼭 눈처럼 생겼어요. 공작은 암컷의 마음에 들도록 꼬리 깃털을 활짝 펴서 보여 주어요.

큰까마귀

큰까마귀는 말 그대로 세계에서 가장 큰 까마귀예요. 날개가 길고 부리는 강력하지요. 목소리가 무척 걸걸한데, "끄악, 끄악" 하는 울음소리는 작은 까마귀의 까악 하는 소리와 비교도 되지 않을 정도로 거칠어요. 수컷과 암컷은 서로 끈끈한 관계를 유지하며 하늘에서도 나란히 비행한답니다. 까마귀 한 쌍은 함께 하늘로 치솟았다가 빠르게 내려오고, 공기를 헤치고 다시 날아올라요.

사육하는 까마귀는 퍼즐을 풀 수 있고 숫자도 일곱까지 셀 수 있어요. 그리고 장난치며 놀기도 좋아해요. 이는 까마귀가 똑똑하다는 증거이지요. 까마귀는 눈 덮인 경사로를 미끄러져 내려가는데, 그냥 재미로 하는 놀이예요. 맨 아래까지 내려갔다가 다시 올라가서 미끄럼 타기를 반복하지요. 새가 재미 삼아 썰매를 탄다고 누가 생각이나 하겠어요!

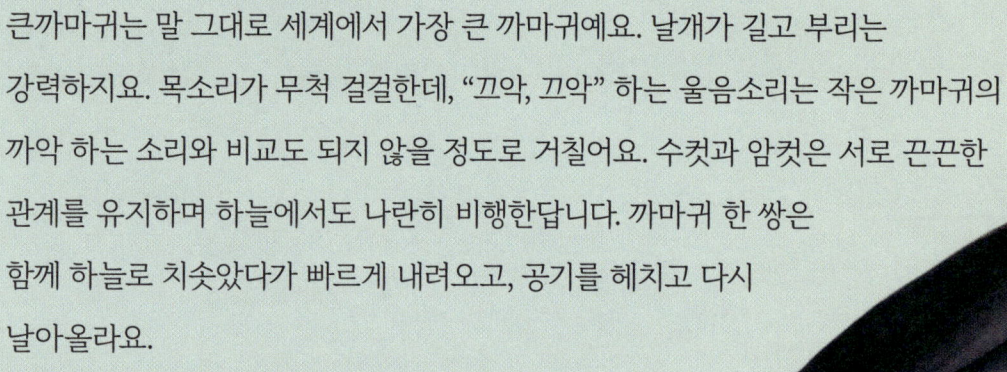

까마귀는 하늘에서 거꾸로 몸을 뒤집어 비행하기를 좋아해요.

큰까마귀, 아프리카 및 아시아, 유럽, 북아메리카.
까마귀는 짝에게 먹이뿐 아니라 둥지 만들 때 쓸 재료 등을 자주 선물로 주어요.

유럽재갈매기

유럽재갈매기, 유럽.
유럽재갈매기는 흐느껴 울거나 꽥꽥거리는 등 다양한 소리를 낼 수 있어요.

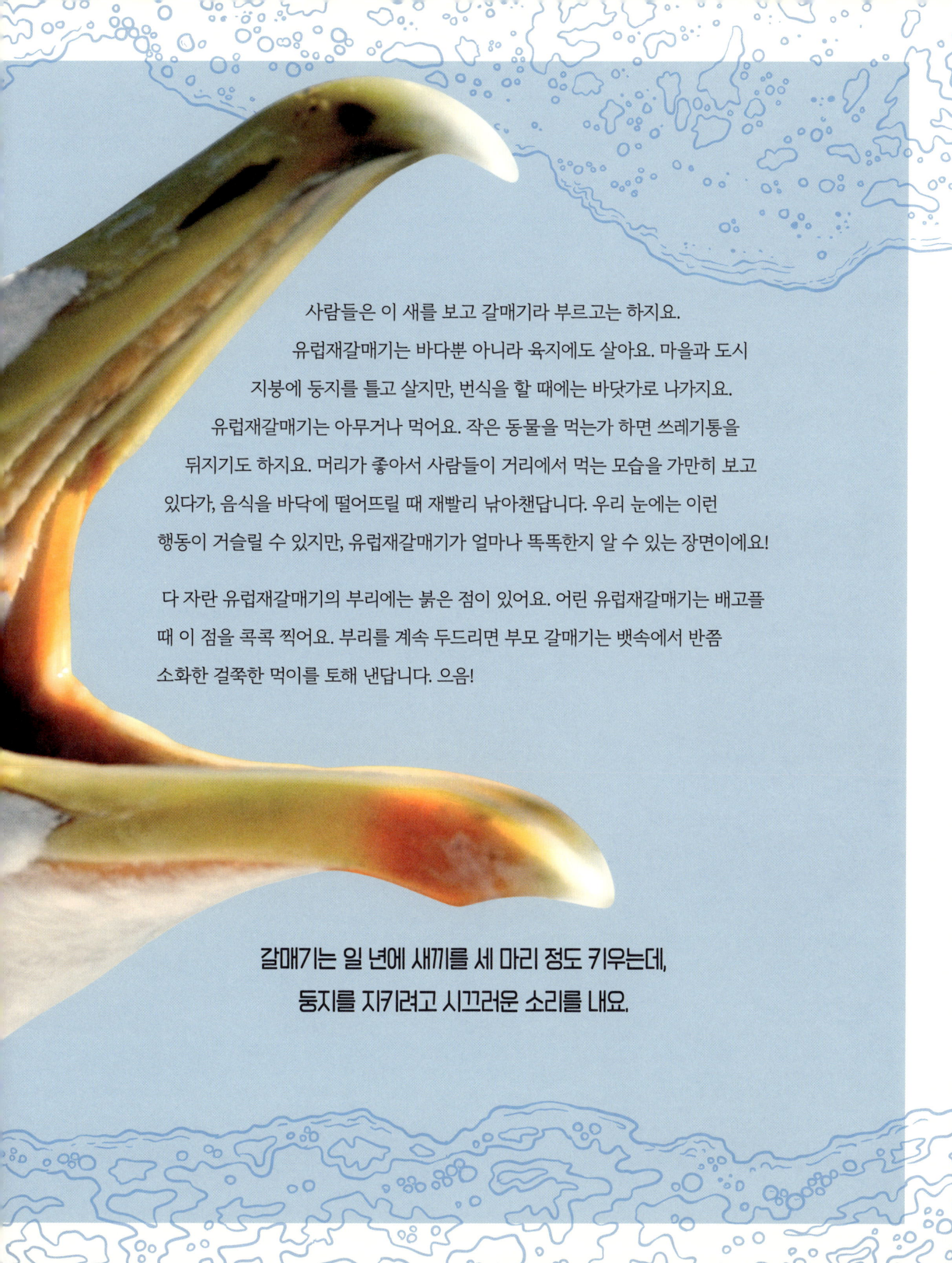

사람들은 이 새를 보고 갈매기라 부르고는 하지요.
유럽재갈매기는 바다뿐 아니라 육지에도 살아요. 마을과 도시 지붕에 둥지를 틀고 살지만, 번식을 할 때에는 바닷가로 나가지요.
유럽재갈매기는 아무거나 먹어요. 작은 동물을 먹는가 하면 쓰레기통을 뒤지기도 하지요. 머리가 좋아서 사람들이 거리에서 먹는 모습을 가만히 보고 있다가, 음식을 바닥에 떨어뜨릴 때 재빨리 낚아챈답니다. 우리 눈에는 이런 행동이 거슬릴 수 있지만, 유럽재갈매기가 얼마나 똑똑한지 알 수 있는 장면이에요!

다 자란 유럽재갈매기의 부리에는 붉은 점이 있어요. 어린 유럽재갈매기는 배고플 때 이 점을 콕콕 찍어요. 부리를 계속 두드리면 부모 갈매기는 뱃속에서 반쯤 소화한 걸쭉한 먹이를 토해 낸답니다. 으윽!

**갈매기는 일 년에 새끼를 세 마리 정도 키우는데,
둥지를 지키려고 시끄러운 소리를 내요.**

호아친은 소처럼 되새김질을 해서, 위 속의 미생물을 이용해 나뭇잎 먹이를 소화해요.

호아친

남아메리카 습지에 가면 오늘날 여느 새와는 전혀 닮지 않은 아주 특이한 새를 만날 수 있어요. 호아친은 걷지도 못하고, 거의 날지도 못해요. 먹이도 보통 새들과는 달리 나뭇잎을 주로 먹지요. 다른 동물들은 대개 나뭇잎을 우적우적 씹어 먹지만, 새들은 이렇게 먹기 쉽지 않아요. 이렇게 먹이가 특이하다 보니 호아친은 소똥 냄새가 나는 질퍽질퍽한 똥을 눈답니다. 그래서 이 지역에 사는 사람들은 호아친을 가리켜 '냄새나는 새'라고 부른대요!

새끼 호아친은 날개마다 발톱이 있어요. 둥지에 있다가 위험해지면 물이 있는 습지로 자기 몸을 떨어뜨려요. 다시 안전해지면 발톱을 이용해 둥지로 기어 올라가지요. 어린 호아친은 자라면서 발톱이 떨어져요.

호아친, 남아메리카.
호아친은 움직임이 어설퍼서 날개로 균형을 맞추어요.

야생 아보카도는
케찰이 가장 좋아하는 먹이랍니다.

케찰, 중앙아메리카.
케찰의 꼬리 깃털은 보드라운
초록색이에요.

케찰

안개가 자욱한 산속 숲에, 초록색과 붉은색으로 화려하게 빛나는 케찰이 살고 있어요. 케찰은 크기가 비둘기와 비슷하지만, 꼬리가 엄청나게 길어요. 수컷은 꼬리 길이만 몸통의 두 배가 넘을 정도랍니다. 케찰은 날기 전에 나뭇가지에서 뒷걸음질을 몇 번 쳐요. 둥지에 앉아 있을 때에는 꼬리를 목도리처럼 몸에 감싸지요.

옛날에 마야인들과 아스테카인들은 케찰을 신처럼 모셨어요. 이들에게 케찰은 공기의 신이었지요. 지배자는 케찰의 꼬리깃털로 만든 장식을 머리에 썼어요. 꼬리깃털을 자른 뒤에는 케찰을 날려 보냈어요. 그러면 케찰의 깃털은 다시 자랐지요. 오늘날 케찰은 보호종으로 지정되었으며 전 세계 사람들이 케찰을 관찰하러 서식지로 찾아와요.

올빼미앵무

'카카포'로도 불리는 올빼미앵무는 앵무목에 속하지만 아주 특이해요! 유일하게 날 수 없는 앵무새이며, 몸이 너무 크고 무거워서 어디에서나 뒤뚱뒤뚱 걷는답니다. 다른 앵무새들과는 달리 밤에 더 활발하게 움직이고, 얼굴도 올빼미처럼 둥글고 커요. 깃털은 그 어떤 새들보다도 은은한 녹색을 띠는데, 꿀이나 오래된 나무 가구에서 나는 냄새가 나요. 수컷 올빼미앵무는 엄청나게 큰 소리를 내서 다른 수컷과 겨루지요. 쾅 하는 소리는 밤에 메아리처럼 울려 퍼져 암컷에게까지 닿아요. 그러면 암컷은 소리를 가장 잘 낸 수컷을 선택하지요.

안타깝게도 올빼미앵무는 세계에서 가장 희귀한 새 중에 하나가 되었어요. 오늘날 겨우 250마리만 살아 있으며, 대부분 뉴질랜드 근처 섬에 살지요. 이 특별한 새를 보호하려고 각별한 노력을 기울이고 있어요.

**올빼미앵무는 90살까지 살 수 있어요.
현재 살아 있는 새 중에 수명이 가장 길다고 알려졌지요.**

올빼미앵무, 뉴질랜드.
올빼미앵무새의 녹색 깃털은 마치 이끼 같아요. 그래서 숲에서는 완벽한 보호색이 되어 준답니다.

호로새는 아프리카 특정 지역에서
신성한 새로 대접받아요.

호로새

'색시닭'으로도 불리는 호로새 머리 위에 난 돌기가 보이나요? 꼭 투구를 쓴 것 같지요! 아주 옛날에 호로새와 아주 비슷하게 생긴 공룡이 있었어요. 호로새의 투구 모양은 사실 뼈로 이루어져 있어요. 겉은 우리 손톱과 같은 단단한 물질로 덮여 있지요. 다른 호로새에게 뽐내고 짝을 찾는 데 이 돌기를 사용하는 것으로 보여요.

호로새는 대개 무리지어 살아요. 마치 급한 일이라도 있는 양, 주변을 종종거리며 뛰어다니지요. 무언가를 보고 깜짝 놀라면 호들갑을 떨면서 목청껏 경고음을 내요. 그 소리는 마치 여러 사람이 낄낄거리는 것 같답니다.

호로새, 아프리카.
호로새는 대머리예요. 그리고 얼굴 아래로 피부가 길게 늘어져 있지요.

투칸은 다른 투칸과 부리로 싸워요.

토코투칸, 남아메리카.
나무가 있는 널따란 땅이라면 온갖 종류의 토코투칸을 만날 수 있어요.

토코투칸

토코투칸은 누구에게나 사랑받아요! 커다란 바나나와 비슷한 부리 덕분에 전 세계에서 아주 유명하지요. 부리 안은 텅 비어 있어서 보기만큼 무겁지 않아요. 그렇지 않으면 나뭇가지에서 벌써 떨어져 버렸을 거예요. 이런 부리로 무엇을 할 수 있을까 생각하겠지만, 실제로는 나뭇가지 끝에 달린 과일을 따는 데 딱 알맞아요. 곤충과 도마뱀 등 먹잇감을 잡을 때에도 유용하지요. 게다가 커다란 부리를 냉난방 기구처럼 이용하여 체온을 조절할 수 있어요.

토코투칸은 작게 무리지어 이동해요. 특유의 깍깍 거리는 소리를 내어 서로 연락을 주고받지요. 개구리나 오리가 내는 소리와 비슷한데, 그보다 훨씬 더 시끄럽답니다!

로드러너

로드러너는 달리기 선수예요. 강력한 다리로 최대 시속 30킬로미터까지 낼 수 있답니다! 빨리 달리는 이유는 무엇일까요? 주요 먹이인 도마뱀과 뱀, 쥐를 쫓느라 그렇답니다. 로드러너가 뱀을 제압하기 쉽지는 않지만, 땅으로 냅다 던져서 기절시켜요. 수컷과 암컷이 서로 힘을 합쳐 사냥할 때도 있답니다. 한 마리가 뱀의 주의를 다른 곳으로 돌리면 다른 한 마리가 공격하는 것이지요.

로드러너는 사막 같은 건조한 곳에 보금자리를 잡아요. 물은 전혀 마시지 않아요. 먹이로만 수분을 섭취한답니다. 로드러너의 발가락 두 개는 앞을 향해 있고 나머지 두 개는 뒤쪽으로 뻗어 있어요. 그래서 모래를 밟고 지나갈 때마다 'X' 모양 발자국이 남는답니다!

로드러너, 북아메리카.
로드러너의 체형은 달리기에 딱 알맞아요. 위험할 때 빼고는 거의 날지 않지요.

로드러너는 최고 속도를 낼 때 꼬리로 방향을 조절해요.

흰줄박이오리, 아시아 및 유럽, 북아메리카.
수컷 흰줄박이오리는 암컷보다 훨씬 눈에 잘 띄어요.
머리와 몸은 모두 검은 바탕에 흰 무늬가 있답니다.

흰줄박이오리

오리는 호수와 강에서 자주 볼 수 있는 친숙한 동물이에요. 심지어 마을과 도시에서도 살지요. 그래도 거품이 하얗게 밀려 오고 물살이 거센 강에서는 살 수 없을 거라 생각하겠지요. 놀랍게도 흰줄박이오리가 바로 그런 강에서 산답니다. 무척이나 강인한 흰줄박이오리는 지구 북쪽 지역, 아주 추운 강에서 알을 낳고 새끼를 길러요. 놀랍게도 이들은 곤충과 달팽이 그리고 물에 사는 생물을 잡아먹으려고 강바닥까지 잠수한답니다. 오리는 사람이 휩쓸릴 정도로 세찬 물줄기에서도 거뜬히 헤엄칠 수 있어요.

번식기가 지나면 겨울을 보내러 바닷가로 날아갑니다. 하지만 물이 잔잔한 바다에 자리 잡지 않아요. 파도가 거칠고 비바람이 몰아치는 바위투성이 해안을 더 좋아한답니다.

암컷   수컷

흰줄박이오리는 쥐처럼
찍찍 소리를 내요.

뿔논병아리

물 위에서 춤추는 동물을 상상해 보세요! 뿔논병아리가 바로 이렇게 춤을 춘답니다. 호수에 사는 뿔논병아리는 수컷과 암컷이 함께 춤추며 끈끈한 유대감을 느껴요. 뿔논병아리 한 쌍은 서로 얼굴을 맞대고 헤엄을 치며 머리를 흔들거나 털고, 꼬리 장식을 뽐내요. 사람들은 뿔논병아리를 사냥하여 깃털로 모자를 만들고는 했지요. 사냥 반대 운동이 일어나며 뿔논병아리를 잡는 일이 줄어들었어요.

뿔논병아리는 몸매가 매끈하고 발이 뒤쪽에 있어요. 덕분에 헤엄을 무척이나 잘 치지요. 하지만 반대로 땅 위에서는 제대로 걷지 못해요. 물속으로 잠수하여 물고기를 잡아먹는데, 깃털도 같이 먹어요! 소화되지 않고 위 속에 남아 있는 생선뼈를 쉽게 내뱉기 위해서예요.

뿔논병아리는 새끼를 등에 업고 다녀요.

뿔논병아리, 아프리카 및 아시아, 유럽, 오세아니아.
뿔논병아리는 단 한 번의 몸짓으로 물풀을 부리로 낚아 올릴 수 있어요.

뻐꾸기파랑새

뻐꾸기파랑새, 마다가스카르.
암컷 뻐꾸기파랑새는 갈색
바탕에 점무늬가 있어요.
수컷은 몸통이 회색이며,
날개에만 윤기 나는
녹색과 파란색,
구릿빛이
섞여 있지요.

뻐꾸기파랑새는 시끄럽게
'휘이-우' 하는 소리를 내요.
마치 경고음이 퍼져 나가는 것 같아요.

어떤 새는 너무 특이하게 생겨서 어떤 종인지 알쏭달쏭할 때가 있어요. 뻐꾸기파랑새가 바로 그렇답니다. 전 세계를 찾아봐도 뻐꾸기파랑새와 닮은 종은 없어요. 우선 머리는 큰데, 다리와 발은 아주 작아요. 게다가 눈은 희한하게도 얼굴 정가운데에 있지요. 정말 수수께끼 같은 새예요!

뻐꾸기파랑새는 마다가스카르 섬에서만 살아요. 이 특별한 섬에 사는 여느 동물들처럼, 뻐꾸기파랑새는 이곳 말고 다른 곳에서는 볼 수 없답니다. 수컷과 암컷은 높다란 나뭇가지 위에 꼭 붙어 살아요. 이 둘은 언제 어디서나 함께하기 때문에, 이 지역 사람들은 뻐꾸기파랑새를 가리켜 '사랑의 새'라고 부르고는 해요.

몬테수마오로펜돌라, 멕시코 및 중앙아메리카.
몬테수마오로펜돌라는 줄기와 잎을 엮어서 양말처럼 생긴 둥지를 지어요.

몬테수마 오로펜돌라

몬테수마오로펜돌라는 까마귀와 크기가 비슷한 열대 새에요. 얼굴에 파란 무늬가 있고 꼬리 깃털은 밝은 노란색이며, 검정색과 주황색이 섞인 특이한 부리가 있지요. 몬테수마오로펜돌라의 둥지는 나뭇가지에 매달린 양말 같아요. 같은 가지에서 여럿이 번식을 하는데, 보통 말벌 집 근처에 둥지를 틀어요. 왜 이렇게 말벌을 좋아할까요? 쏘는 성질이 있는 곤충 가까이 있으면 포식 동물을 피해 새끼를 안전하게 키울 수 있기 때문이에요.

몬테수마오로펜돌라는 달각거리는 소리와 까르르 소리 등 특이한 울음소리를 내요. 이 새의 이름은 아스테카의 강력한 왕이었던 몬테수마 왕의 이름을 따서 지었답니다.

수컷 오로펜돌라는
거꾸로 매달려 지저귀어요.

흰집칼새

흰집칼새의 둥지는 플라스틱으로 만든 것처럼 생겼어요. 하지만 둥지의 재료는 새의 입에서 분비되는 침, 단 하나랍니다! 칼새는 동굴 벽 높은 곳에 그릇 모양 둥지를 만들어요. 이렇게 하면 포식 동물을 피해 안전하게 알을 낳을 수 있지요.

삼색제비

제비는 진흙을 부리로 잔뜩 물어 와서 둥지를 지어요. 삼색제비의 둥지는 서양배 모양으로, 바닥은 넓고 입구는 좁지요. 대개 절벽에 붙여 만들지만, 다리 아래 또는 벽에서도 제비의 둥지를 찾을 수 있어요.

둥지에 붙은 방울 모양 하나하나는 제비가 한 입씩 물어 온 양이랍니다.

검독수리

독수리는 나뭇가지에 거대한 둥지를 지어요. 검독수리는 나무 위에나 절벽에도 둥지를 짓지요. 번식기에 검독수리 한 쌍은 해마다 둥지로 돌아와 그 크기를 조금씩 늘려요. 그래서 둥지가 점점 더 커진답니다.

참솜깃오리

참솜깃오리의 둥지는 매우 아늑해요. 암컷은 보송보송한 가슴 털을 뽑은 뒤 둥지 가장자리를 덧대어 따스하게 만들어요. 어떤 사람들은 단장을 마친 참솜깃오리 둥지에서 솜털을 가져가 이불을 만들기도 해요!

아델리펭귄

아델리펭귄의 둥지는 딱히 편하지 않아요. 작은 돌멩이를 더미로 쌓고 그 위에 알 하나를 낳지요. 얌체 같은 경쟁자들은 펭귄이 한눈 파는 사이에 가장 좋은 돌을 훔쳐 가기도 해요.

긴꼬리광대부리
아래로 매달린 긴꼬리광대부리의 둥지는 좀 지저분해 보여요. 하지만 구조가 매우 복잡하답니다. 뿌리와 줄기, 낙엽으로 배낭처럼 생긴 둥지를 만들어서 나뭇가지 위에 걸어요. 전선에 걸린 긴꼬리광대부리의 둥지도 있답니다.

둥지

새들이 알을 보호하려면 안전한 장소가 필요해요. 그래서 보통 나뭇가지로 둥지를 만들지요. 하지만 모든 새가 그런 것은 아니랍니다. 풀을 엮어 둥지를 짓는가 하면, 어떤 새는 진흙으로 만들기도 해요. 침을 뱉어 둥지를 만드는 새도 있답니다! 알은 스스로 체온을 조절할 수 없기 때문에, 새들이 보통 알 위에 앉아 깃털로 따스하게 감싸 주어요. 이렇게 알을 품는 것이지요.

베짜기새
베짜기새의 둥지는 모양이 무척이나 복잡하답니다. 수컷은 풀을 실처럼 조심조심 엮어서 폐쇄형 둥지를 만들어요. 입구를 관처럼 좁게 만들어 배고픈 뱀이 들어올 수 없도록 막지요.

안나벌새
벌새는 사람들의 눈에 잘 띄지 않는 곳에 둥지를 만들어요. 안나벌새가 짓는 둥지는 동전 하나 크기에 지나지 않는답니다. 종종 이끼를 덮어 위장도 해요.

노래지빠귀
노래지빠귀는 식물의 덤불 속에 나뭇가지로 그릇 모양 둥지를 지어요. 내부는 진흙을 매끈하게 다져 놓았고 그 안에 알을 살포시 낳는답니다.

붉은화덕새
나뭇가지에 안정적으로 놓인 진흙구덩이가 사실 둥지라는 사실을 알면 놀랄 거예요. 이 둥지는 붉은화덕새의 것이랍니다. 이러한 이름이 지어진 까닭은 진흙 둥지 모양이 화덕과 닮았기 때문이에요.

한쪽에만 둥지 입구가 있어요.

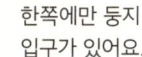

쏙독새

쏙독새는 주로 밤에
과일을 찾아다녀요.

쏙독새, 남아메리카.
쏙독새의 생김새와 행동은
세상 그 어느 새와도 달라요.

남아메리카 깊은 숲속 어딘가, 동굴에서 울음소리가 사방으로 울려 퍼져요. 이 이상한 소리는 쏙독새가 내는 것이랍니다. 쏙독새는 여럿이 모여 동굴 속에 둥지를 짓는데, 주로 밤에 활동해요. 쏙독새는 눈이 올빼미처럼 매우 예민해서 빛이 흐릿한 밤에도 잘 볼 수 있어요. 그리고 쥐와 같은 수염이 있어서 주변 사물을 느낄 수 있지요. 쏙독새는 박쥐처럼 딸깍 소리를 내어 깜깜한 어둠 속에서도 날 수 있어요. 1초에 250번 소리를 낸 뒤 들리는 메아리로 주변에 무엇이 있는지 알아내고, 동굴과 열대 우림 사이를 날아다녀요. 이러한 방법을 반향 위치 측정이라 부르지요. 소리를 '보는' 거예요! 쏙독새는 이런 특별한 능력이 있는 몇 안 되는 새 중 하나랍니다.

뱀눈새

뱀눈새, 중앙아메리카 및 남아메리카.
뱀눈새는 날개에 매우 화려한 무늬가 있어요. 마치 커다란 눈을 그려 넣은 것 같지요.

뱀눈새는 좀처럼 알아보기 어려워요.
날개를 활짝 펴야 겨우 눈에 띄지요.

적에게서 나를 보호하는 방법 중 하나는 내가 위험한 존재인 척하는 거예요. 뱀눈새가 그렇게 행동하지요. 뱀눈새의 몸통은 회색과 갈색이고, 대체로 조용히 움직이기 때문에 숲속에서는 나무와 뒤섞여 알아보기 힘들어요. 하지만 누군가가 뱀눈새를 겁주면 날개를 활짝 펴서 눈부시게 알록달록한 자태를 드러내지요. 이렇게 하면 마치 커다란 눈이 노려보는 것 같은 착각을 일으켜요. 포식자는 뱀눈새의 날개를 보고 공격해도 되는지 곰곰이 생각하고는 이내 자리를 떠나 버리지요.

뱀눈새는 숲속 웅덩이와 개울 근처에 살아요. 왜가리와는 다른 종이지만 생김새도 비슷할 뿐더러, 둘 다 창처럼 뾰족한 부리로 물고기를 잡아먹는답니다.

검은댕기해오라기, 북아메리카 및 중앙아메리카.
검은댕기해오라기는 먹잇감이 가까이 올 때까지 동상처럼 꼼짝도 하지 않고 가만히 있어요.

어떤 검은댕기해오라기는
빵으로 물고기를 유인해요.

검은댕기해오라기

물고기 잡는 일은 생각만큼 쉽지 않아요. 하지만 검은댕기해오라기는 능숙하게 잡지요. 일단 물 가장자리에 서 있거나 웅크리며 조용히 기다려요. 물고기가 검은댕기해오라기의 시야로 들어오는 순간, 단검 같은 부리로 잽싸게 물고기를 쫓아요. 심지어 나뭇가지에 거꾸로 매달려서 물고기를 잡기도 해요. 게다가 야간 시력도 매우 좋기 때문에 밤에도 사냥을 나가요. 하지만 검은댕기해오라기의 가장 영리한 점을 꼽으라면, 낚시꾼처럼 미끼를 사용해서 물고기를 잡을 줄 안다는 것이에요. 나뭇잎이나 깃털처럼 적절한 물건을 도구로 삼아 물에 띄워요. 물고기가 미끼로 다가오면, 해오라기는 덥석 잡아 저녁거리로 삼지요.

웃음물총새

오스트레일리아에 가면, 아무도 없는데 웃음소리가 들리는 곳이 있어요. 놀라지 마세요. 바로 웃음물총새의 울음소리거든요. 웃음물총새가 내는 소리는 사람이 키득키득 웃는 소리 같아요. 어린 웃음물총새는 자라서 둥지를 떠난 뒤에도, 부모 새의 영역에 남아 동생 새를 함께 키운답니다. 종종 웃음물총새 가족이 한꺼번에 울음소리를 낼 때가 있어요. 여럿이 함께 큰 소리로 킥킥거리는 울음소리를 내어 다른 웃음물총새에게 자신들의 영역을 알리는 것이지요.

웃음물총새는 물총새라는 알록달록한 새과에 속하는데, 그중 규모가 가장 커요. 어떤 물총새는 습지에 살며 물고기를 잡지만, 웃음물총새는 숲과 농장 그리고 정원과 공원에 살기를 더 좋아해요. 대개 도마뱀이나 뱀을 잡아먹고 살고요. 뻔뻔하게도 다른 동물이 잡은 뱀을 뺏어 먹기도 한답니다.

웃음물총새는 사람들이 모인 곳에서 바비큐를 슬쩍 가져가기도 해요!

웃음물총새, 오스트레일리아.
웃음물총새는 도시에 사는 비둘기보다 더 커요. 통통한 부리 끄트머리는 고리처럼 휘었어요.

자메이카쏙독새

쏙독새와 눈싸움할 생각은 하지 마세요. 눈동자를 수축시켜 샛노란 홍채를 드러낼 수 있거든요! 쏙독새는 올빼미와 같은 밤의 사냥꾼이에요. 커다란 눈으로 맛난 곤충을 금세 찾아내지요. 그러고는 단번에 아래로 내려가, 거대한 부리를 머리 크기만큼 쩍 벌려서 먹이를 덥석 먹어 치워요.

낮에는 나무 기둥 위에 앉아 고개를 똑바로 들어 올린 채 꼼짝 않고 있어요. 나무 위에서 쏙독새는 모습이 나무껍질과 똑같아 보여서, 온데간데없이 사라진 것 같지요. 게다가 완벽히 위장하려고 눈을 딱 감지요. 쏙독새는 눈꺼풀에 작은 틈이 있어서 눈을 감고도 눈앞 광경을 볼 수 있답니다!

쏙독새는 밤에 흐느끼듯 울어요. 이런 울음소리 때문에 '유령 새'라는 별명으로 불리기도 하지요.

자메이카쏙독새, 카리브 해 및 중앙아메리카.
쏙독새는 눈을 있는 힘껏 크게 떠서 포식자를 놀랠 수 있어요.

도가머리 딱따구리

북아메리카 숲에서는 까마귀 크기에 뾰족한 부리와 딸기처럼 빨간 볏이 달린 새를 만날 수 있어요. 도가머리딱따구리랍니다. 도가머리딱따구리는 나무에 딱 붙어서 부리가 보이지 않을 정도로 빠르게 나무 기둥을 두드려요. 이렇게 해서 나무속에 숨어 있던 맛있는 곤충과 먹잇감을 잡아먹지요. 도가머리딱따구리가 있던 곳은 금세 알아차릴 수 있어요. 나무 기둥에 직사각형 구멍을 남긴 채 떠나거든요. 봄이 되면 부리로 나무 기둥을 1초에 15번이나 사정없이 때려요. 두드리는 소리는 딱따구리가 내는 노랫소리랍니다!

딱따구리는 딱딱한 나무 기둥을 마구 때려도 다치지 않아요. 과학자들은 그 비결이 딱따구리의 강한 목근육과 부리, 머리뼈, 턱뼈의 모양 덕분이라고 생각해요.

딱따구리는 텅 빈 나무를 주로 두드리기 때문에 소리가 매우 크게 들려요.

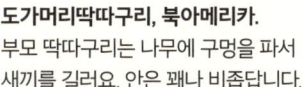

도가머리딱따구리, 북아메리카.
부모 딱따구리는 나무에 구멍을 파서 새끼를 길러요. 안은 꽤나 비좁답니다.

작은반점키위

작은반점키위, 뉴질랜드.
키위는 밤에 숲속 땅바닥에 사는
지렁이와 먹잇감을 사냥해요.

뉴질랜드는 수많은 진귀한 생명체의 보금자리예요. 키위도 여기에 속하지요. 이 특이한 새는 날개가 작고 뭉툭하여 날지 못해요. 대신 밤에 쥐나 고슴도치처럼 숲속 이곳저곳을 종종걸음 치며 다니지요. 깃털은 촘촘하지 않고 보송보송해서 털에 가까워 보여요. 하지만 그중에서도 키위의 가장 독특한 점이라면 기다란 부리랍니다. 다른 새들과는 달리 키위는 부리 가장자리에 콧구멍이 있어요. 그래서 부리를 땅속에 밀어 넣어 키위가 좋아하는 먹잇감인 지렁이와 곤충의 냄새 그리고 온기를 느낀답니다!

작은반점키위는 포식자가 거의 없는 섬에 주로 살아요. 다른 네 종류 키위처럼 매우 희귀하지만, 뉴질랜드는 이 특별한 새를 지키려고 대형 보호 구역을 지정했답니다.

키위는 끊임없이 코를 킁킁거려서 콧구멍 속에 들어가는 흙을 치워 내요.

쇠푸른펭귄

전 세계에는 펭귄이 18종류 있어요. 그중에서 쇠푸른펭귄은 가장 작은 펭귄이지요. 섰을 때 키가 30센티미터에 지나지 않아요. 여느 펭귄과 마찬가지로 쇠푸른펭귄도 날지 못해요. 날개가 물에서 속도를 내는 지느러미로 진화했기 때문이지요.
깃털은 매우 작지만 뭉쳐서 두꺼운 층을 이루어요. 깃털 덕분에 몸을 따스하게 유지할 수 있고 바다에서도 젖지 않는답니다.

쇠푸른펭귄은 꼬마펭귄 또는 요정펭귄으로도 불려요. 너무 작아서 포식자들의 먹잇감이 되기 쉽기 때문에, 주로 해가 지고 어둠이 깔릴 때에만 바닷가로 나오지요. 하지만 사람들을 무서워하지는 않아요. 어떤 쇠푸른펭귄은 멜버른이나 시드니 같은 대도시에 둥지를 틀기도 한답니다. 한번은 쇠푸른펭귄의 새끼가 뒤뚱뒤뚱 걸어서 뉴질랜드의 활주로까지 간 적이 있다고 해요!

쇠푸른펭귄은 매일 물고기를 자기 몸무게만큼 먹어요.

쇠푸른펭귄, 오스트레일리아와 뉴질랜드.
쇠푸른펭귄은 당나귀 같은 울음소리를 내어 다른 펭귄과 인사를 나누어요.

매는 지구에서 가장 빠른 동물이에요.

매, 남극을 제외한 전 세계.
매는 날카로운 눈매로 1.5킬로미터나 떨어진 먹잇감도 뒤쫓을 수 있어요.

매

하늘 저 높이, 매가 사냥을 하고 있어요. 다른 새들은 주변을 살펴야 해요. 자칫하면 매의 먹잇감이 되니까요. 매는 공중에서 먹잇감을 쫓아 공격할 수 있어요. 목표물을 정한 순간, 날개를 접고 돌진하지요. 시속 390킬로미터라는 믿기지 않는 속도까지 끌어올려요. 경주용 자동차보다도 빠르답니다.

매는 정말이지 세계 어디에서나 볼 수 있어요. 6대륙뿐만 아니라 육지 그 어떤 서식지에서도 살 수 있지요. 대체로 대도시에 사는데 다리와 교회, 고층 건물에 둥지를 틀어요. 이 멋진 새는 밤에도 사냥하는 법을 알고 있답니다. 건물이나 가로등에 반짝이는 불빛을 이용하는 거예요!

케이프사탕새

사탕새를 보고 싶다면 꽃을 먼저 찾아야 해요. 사탕새는 꽃에서 나는 꿀을 먹고 살기 때문에 하루에 꽃을 몇십 송이씩 찾아가지요. 그중에서도 프로테아라는 아름다운 꽃을 가장 좋아해요. 사탕새의 기다란 혀는 붓과 같아서 달콤한 꿀을 쓸어서 입으로 가져오기 좋지요. 사탕새는 이 꽃 저 꽃을 돌아다니며 꿀을 먹는데, 그 사이에 다른 꽃에 꽃가루를 옮겨다 주어요. 이렇게 해서 꽃가루받이가 이루어지지요.

케이프사탕새는 남아프리카 케이프 지역에만 살아요. 햇살이 잘 드는 언덕에는 프로테아를 비롯해 눈부시게 아름다운 야생화가 다양하게 자라요. 프로테아가 활짝 꽃을 피우면 사탕새도 먹이를 찾기 더 쉬워지므로 가족을 이루게 되지요.

케이프사탕새, 남아프리카.
사탕새는 프로테아의 꽃꿀을 무척이나 좋아해요.

사탕새는 기다란 꼬리로 꽃 위에서 균형을 잡아요.

리빙스턴투라코

리빙스턴투라코는 몸통 색상이 화려하고, 머리에는 뾰족뾰족한 볏이 있어요. 그렇다 보니 새를 즐겨 관찰하는 사람들은 이색적인 리빙스턴투라코를 보고 싶어 하지요. 하지만 녀석을 보기란 쉽지 않아요. 투라코는 겁이 무척 많은 데다 아프리카 깊은 숲속에서만 살거든요. 투라코는 날아다니는 것보다 나뭇잎 사이에 숨어 다람쥐처럼 나무 위에서 뛰어다니기를 좋아해요. 물을 마시거나 목욕할 때를 빼고는 땅에 내려가는 일이 거의 없어요.

투라코 깃털에는 특별한 점이 있어요. 밝은 녹색과 붉은색 깃털 속에는 구리가 있답니다. 구리에는 희귀한 색소가 들어 있는데, 주로 투라코가 좋아하는 과일에서 나온 것이에요. 투라코가 비를 맞으면 깃털에 물든 멋진 색이 사라진다는 이야기도 전해져요. 다행히도 꾸며낸 이야기에 불과하지요.

**투라코의 발은 독특한 기능이 있어요.
발가락을 돌려서 나뭇가지를 잡을 수 있답니다.**

리빙스턴투라코, 아프리카.
투라코의 몸은 대부분 녹색과 파란색으로 이루어졌어요. 볏은 아름다운 녹색 바탕에 끝에만 흰색이에요.

큰뒷부리도요, 아프리카 및 아시아, 유럽, 북아메리카, 오세아니아.
큰뒷부리도요는 바닷가 진흙 속에 숨은 지렁이와 달팽이를 먹고 살아요.

큰뒷부리도요

여러분이 지금 보고 있는 이 새는 세계 챔피언이에요. 아마 지금쯤 지구의 절반을 막 날아왔을 거예요! 큰뒷부리도요는 지구 맨 위에 있는 북극에 둥지를 만들지만, 겨울은 남쪽의 갯벌에서 보내요. 이렇게 머나먼 거리를 다니려고 그 어떤 새보다도 긴 거리를 단 한 번도 쉬지 않고 비행한답니다. 과학자들은 새의 다리에 작은 꼬리표를 붙이고, 이 추적 장치에서 보내는 신호로 이러한 사실을 알게 되었어요.

큰뒷부리도요는 날기 전 먹이를 잔뜩 먹어서 살을 찌워요. 그래야 몸속 지방을 태워서 연료로 쓸 수 있거든요. 새로운 날개 깃털이 자라고 심장과 비행 근육이 커지면, 앞으로 펼쳐질 고된 여행의 준비를 마친 것이랍니다.

큰뒷부리도요는 1만 2,000킬로미터 거리를 11일이 넘도록 단 한 번도 쉬지 않고 날아요.

흰바다제비, 남극과 남빙양.
흰바다제비는 바닷물을 마실 수 있어요. 부리에 있는 관으로 소금기를 걸러서 밖으로 내보내요.

흰바다제비

흰바다제비의 모습을 보면 왜 이름에 '희다'는 말이 있는지 알아차릴 거예요. 새하얀 깃털을 보면 마치 눈으로 만든 것 같지요. 하지만 흰바다제비는 보기보다 강인하답니다. 지구에서 가장 추운 남극과 얼음이 찰랑찰랑 떠다니는 남빙양에 살거든요. 과학자들은 다른 동물이 살았다는 기록이 거의 없는 남극점에서도 흰바다제비를 본 적이 있어요.

흰바다제비는 얼음장같이 차가운 바다에서 날개를 퍼덕이며 먹이를 찾아요. 고래처럼 크릴을 주로 먹지요. 그리고 빙산에 앉아 쉬기도 해요. 다른 새가 둥지 가까이 다가오면, 침입자에게 끈적끈적한 주황색 토사물을 뿜어내요!

흰바다제비는 눈 위를 뒹굴뒹굴 굴러다니며 깃털을 깨끗이 다듬는답니다.

나마쿠아비둘기, 아프리카와 서아시아.
나마쿠아비둘기는 몸집이 앵무새와 비슷할 정도로 자그마해요. 하지만 꼬리는 무척이나 길답니다.

무지개비둘기, 오스트레일리아.
통통한 무지개비둘기는 깊숙한 숲속을 제외하고 어디에서나 만날 수 있어요.

비둘기

비둘기는 영어로 피죤pigeon 또는 도브dove라고 하는데, 둘 다 명칭만 다를 뿐 특별히 다른 점은 없어요. 비둘기는 생김새와 크기, 색깔이 저마다 다르답니다. 길을 걸을 때에는 음악을 듣는 듯 머리를 까닥거려요. 부모 비둘기는 목에서 우유 같은 걸쭉한 액체를 토해 내어 새끼들에게 먹이지요.

어떤 비둘기는 보기 매우 어려워졌어요. 예를 들어 모리셔스분홍비둘기는 전 세계에 단 10마리만 남은 적도 있어요. 하지만 우리에서 사육되고 난 뒤 지금은 500마리 정도로 늘었어요. 우리가 적절한 때에 희귀한 새를 보호하기 위한 행동에 나서면, 멸종 위기의 새를 구할 수 있다는 것을 알 수 있어요.

모리셔스분홍비둘기, 모리셔스.
모리셔스분홍비둘기는 모리셔스 섬 숲속에서만 살아요. 과일과 꽃, 씨앗을 먹지요.

비둘기는 영리한 새예요.
탁구를 배운 비둘기도 있답니다!

굵은부리녹색비둘기, 남아시아.
굵은부리녹색비둘기는 커다란 부리 덕분에 야생 무화과 같은 과일을 먹을 수 있어요.

니코바르비둘기, 남아시아.
알록달록한 색이 특징인 니코바르비둘기는 목과 가슴에 '솔'처럼 생긴 기다란 깃털이 있어요.

스피니펙스비둘기, 오스트레일리아.
스피니펙스비둘기는 암컷과 수컷 모두 머리에 높다랗게 솟은 볏이 있어요.

집비둘기, 전 세계.
생김새가 친숙한 이 비둘기는 도시 어디에서나 볼 수 있어요. 하지만 원래 바다 절벽에 살았답니다.

회색앵무

회색앵무는 다섯 살 어린아이보다 더 빨리 퍼즐을 풀 수 있어요.

귀가 찢어질 듯이 앙칼진 울음소리가 들린다면 원인은 단 하나예요. 근처에 회색앵무가 있다는 것이겠지요. 회색앵무는 엄청나게 시끄러운 소리를 내며 떼를 지어 숲을 날아다니고 먹이를 찾아요. 앵무새는 대체로 무지개처럼 알록달록하지만, 회색앵무는 그보다는 색이 밋밋하지요. 하지만 흉내 내기의 천재예요. 사육되는 회색앵무는 사람 말을 종종 따라하는데, 어떤 회색앵무는 단어를 150개나 배울 정도랍니다.

과학자 아이린 페퍼버그는 알렉스라는 회색앵무를 30년 넘게 연구했어요. 아이린은 알렉스가 숫자를 셀 줄 알고 색깔과 모양을 구분할 수 있다는 사실을 밝혀냈답니다. 심지어 간단한 질문도 했어요. 사람들이 간지럽히는 것을 좋아했기 때문에, 알렉스는 더 간지럽혀 달라고 요청하고는 했다는군요!

회색앵무, 아프리카.
앵무새는 몸에 비해 두뇌가 커요. 영리한 새들 중 하나이지요.

댕기바다오리, 아시아 및 북아메리카.
거대한 부리와 화려한 깃털이 매력적인 댕기바다오리는 바다의 앵무새라 할 수 있어요.

댕기바다오리는 부리로 물고기 20마리를
줄줄이 물고 다닐 수 있어요.

댕기바다오리

바닷새인 댕기바다오리는 그 모습이 파티에 가려고 몸단장을 이제 막 마친 것 같아요! 새까만 바탕에 얼굴만 새하얀 가면을 쓰고, 머리 위에는 금빛 다발을 올렸지요. 하지만 이런 멋진 모습은 짝짓기 철에만 볼 수 있답니다.
여름 끝자락이 되면 아름다운 깃털을 칙칙한 어두운 색 깃털로 바꾸고 부리의 알록달록한 부분도 떨어져 나가요.

바다오리는 거친 바다 폭풍에도 살아남을 정도로 강인한 새에요. 대부분의 펭귄처럼 바다오리도 깊은 바다 속으로 잠수하여 물고기와 오징어, 크릴 등을 잡아먹지요. 비행기처럼 날개로 동력을 얻으며 물속에서 나는 듯해요.
어른 바다오리는 평생 한 동반자와 함께 산답니다. 돌투성이 바닷가와 섬에 둥지를 짓고, 해마다 솜털이 보송보송한 새끼를 한 마리씩 키워요.

가위꼬리딱새

가위꼬리딱새, 북아메리카 및 중앙아메리카.
재주를 잘 부리는 가위꼬리딱새는 하늘 위에서 공중제비도 넘을 수 있어요.

미국에 사는 새 중에 가위꼬리딱새와 꼬리가 똑같은 것은 없답니다.

가위꼬리딱새에게는 비밀 무기가 있어요. 바로 꼬리랍니다! 하늘로 날아오를 때, 꼬리가 가위 모양으로 벌어져요. 이 특이한 꼬리로 몸을 꼬거나 돌려서 날아다니는 곤충을 잡지요. 때로는 땅으로 돌진하여 메뚜기나 딱정벌레를 잡기도 해요.

여름에 미국 남부에 가면 이 매력 넘치는 새를 만날 수 있어요. 길가 울타리 위에 자리 잡고 앉아, 먹잇감이 있는 곳을 찾고는 하지요. 딱새 한 쌍은 자기 영역을 확실히 구분하여 지키려 하고, 다른 딱새가 넘어오는 것을 용납하지 않는답니다. 만약 다른 딱새의 모습이 보이면 내쫓아 버려요. 번식기가 끝난 뒤에는 더 따뜻한 남쪽 중앙아메리카로 내려가 겨울을 보내요. 봄이 되면 다시 미국으로 돌아오지요.

물닭

이 희한한 발을 보면 물닭임을 금세 알아차릴 수 있어요. 앞발가락은 부어오른 듯 보이지만 사실 정상이랍니다. 발에 노처럼 붙은 가죽은 호수와 연못에서 헤엄을 치거나 질퍽질퍽한 갯벌을 걸어갈 때 쓸모 있답니다. 오리발에 있는 물갈퀴와 같은 역할을 해요.

물닭은 이마의 밝고 하얀 보호막을 보고도 알아차릴 수 있어요. 여기에는 깃털이 없는데, 아마 다른 물닭과 구분하거나 뽐내는 데 쓰이는 것으로 보여요. 짝짓기 철에 물닭은 매우 사나워진답니다. 다른 물닭이 물 위에 떠 있는 둥지 가까이에 오면 공격해서 내쫓아요.

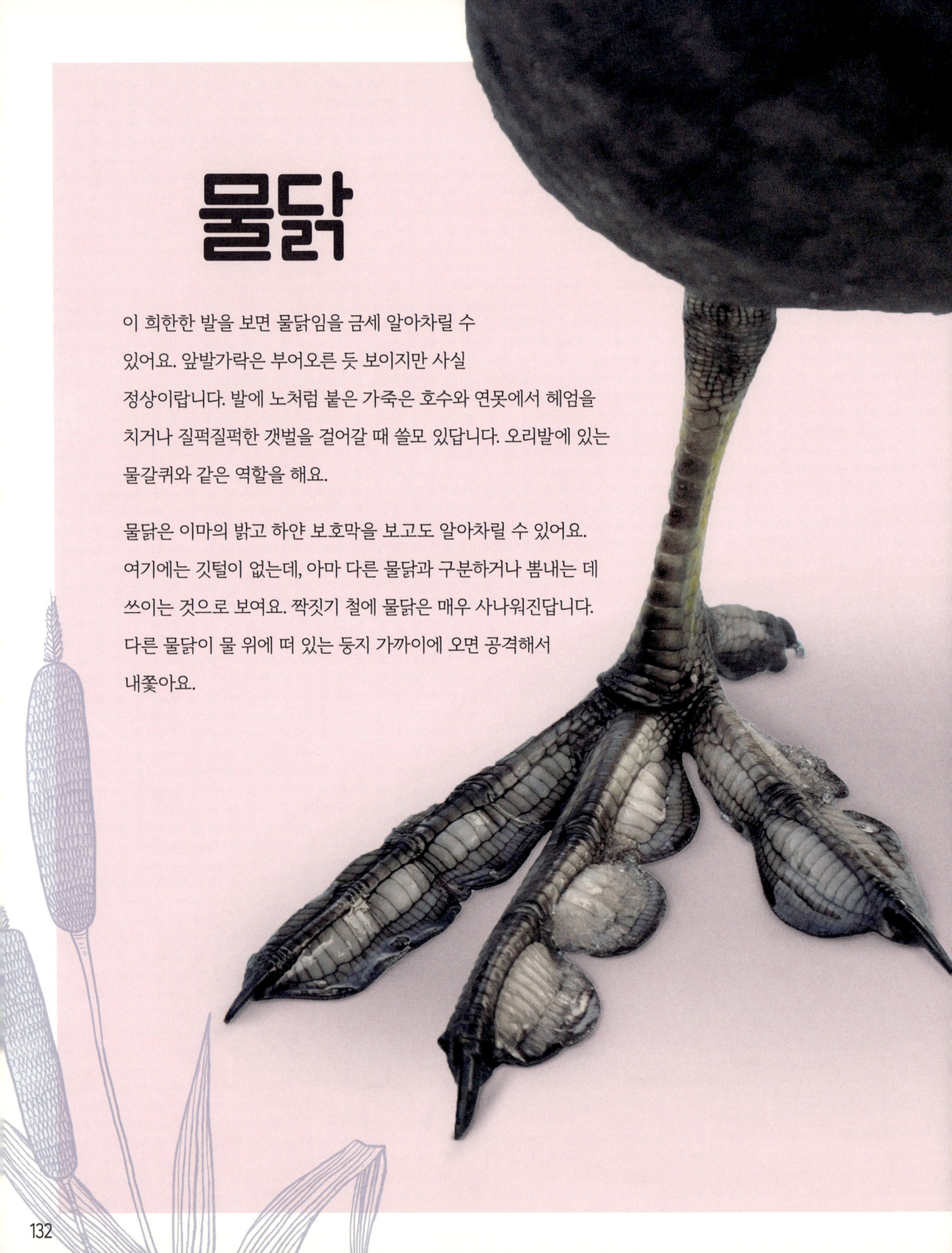

싸움에 나서는 물닭은 발로
다른 물닭을 난폭하게 걷어차요.

**물닭, 아프리카 및 아시아,
유럽, 오세아니아.**
물닭의 발은 비늘처럼 생겼어요.
넓은 갈퀴 가죽이 붙어 있어
물컹물컹한 땅에 발이 빠지지
않지요.

북극제비갈매기

북극제비갈매기는 한 번에 몇 시간씩 날개를 편 채 바다 위를 날아요. 환상적인 비행술을 자랑하며 파도 위를 계속 맴돌 수 있답니다. 여느 바닷새들처럼 북극제비갈매기도 물보라를 일으키며 바다 속으로 몸을 담그고 물고기를 잡아먹어요.

어떤 새도 북극제비갈매기보다 멀리 이동하지 못해요. 지구 북쪽 바닷가에 보금자리를 만드는데, 가장 멀리로는 북극까지 날아가요. 번식기에는 새끼를 최대 세 마리까지 키우고, 그 후에는 남극을 둘러싼 바다인 남빙양으로 향해요. 가장 멀리는 남극까지 이동하지요. 어떤 북극제비갈매기는 9만 5,000킬로미터까지 이동하기도 해요. 이는 지구를 두 바퀴 반 비행하는 것과 같답니다. 더 대단한 점은 이러한 이동을 해마다 한다는 것이에요!

북극제비갈매기, 전 세계 대양.
북극제비갈매기는 날개가 길고 몸이 가벼워요.

북극제비갈매기는 해마다 여름을 두 번 보내요. 그래서 겨울을 본 적이 한 번도 없지요.

뻐꾸기

뻐꾸기는 다른 새를 속여요. 스스로 둥지를 짓거나 새끼를 기르지 않고, 다른 새가 자신의 새끼를 키우도록 하지요. 암컷 뻐꾸기는 개개비와 같은 다른 새의 둥지에 몰래 알을 낳아요. 뻐꾸기는 자기 알과 똑같이 생긴 알의 둥지를 고르기 때문에 둥지 주인은 이상한 점을 알아차리지 못하지요. 알이 부화하면 어린 뻐꾸기는 다른 알이나 새끼를 밀어서 떨어뜨리고는 혼자 둥지를 차지해요. 둥지에서 무슨 일이 벌어졌는지 알 리 없는 부모 새는 뻐꾸기 새끼를 자기 새끼라고 생각하고 키우게 됩니다.

전 세계에는 다양한 뻐꾸기가 있는데, 사실 대부분은 위와 달리 자기 새끼를 스스로 키운답니다.

어른 개개비

어린 뻐꾸기

뻐꾸기, 아프리카 및 아시아, 유럽.
봄이 되면 수컷은 뻐꾹뻐꾹 울어요.

암컷 뻐꾸기는 알을 10개 넘게 낳아요.
둥지마다 하나씩 낳지요.

노란배쥐방울새

노란배쥐방울새는 외모가 그다지 화려하지 않아요. 노란빛이 나는 녹색에, 크기는 앵무새보다 작지요. 하지만 알은 무척이나 아름답답니다! 알의 색은 붉은 색소 때문이에요. 붉은색은 섞여서 온갖 색을 내는 두 가지 색소 중 하나이지요.

와틀드자카나

와틀드자카나는 얕은 물에 사는 새인데, 강가에 수생 식물로 둥지를 짓고 그 위에 알을 낳아요. 알은 노란 바탕에 구불구불한 모양이 그려져 있어 포식 동물의 눈을 피하는 데 도움이 된답니다.

검은 무늬를 따라 알이 잘 깨져요. 그래서 새끼가 알에서 잘 나올 수 있지요.

알

알은 자연에서 볼 수 있는 아름다운 산물 중 하나예요. 새는 번식기에 딱딱한 껍데기가 있는 알을 낳아요. 그리고 새의 조상이었던 공룡 등 일부 파충류도 알을 낳았지요. 알은 새끼가 자랄 수 있는 안전한 보호 장치예요. 겉면이 딱딱해서 외부 충격으로부터 보호해 주며, 작은 숨구멍이 있어 산소를 들이마실 수 있지요. 새의 종류가 다양한 만큼 알의 모양과 크기 그리고 색깔도 여러 가지예요. 복잡한 무늬가 있는 알도 있어요.

알 한쪽 끝이 뾰족해요.

구이라뻐꾸기

구이라뻐꾸기는 다른 뻐꾸기와 달리 스스로 알을 낳고 새끼를 키워요. 처음 알이 세상 밖으로 나올 때에는 분필처럼 흰색이지만, 겉껍질이 벗겨지고 나면 바다가 떠오를 정도로 아름다운 무늬가 나타나요.

바다오리

바다오리 알은 갈색 물감을 흩뿌린 것처럼 생겼어요. 고불고불한 무늬는 알마다 다르기 때문에, 부모 새는 여러 무리가 뒤섞인 둥지에서 자신의 알을 손쉽게 가려낼 수 있어요.

붉은목벌새

벌새는 세상에서 가장 작은 알을 낳아요. 그중에서도 제일 작은 알은 완두콩만 하답니다! 어떤 벌새의 알은 2주 만에 부화하기도 해요.

가위꼬리딱새

새알에는 대체로 작은 점이나 큰 반점이 있어요. 가위꼬리딱새의 알을 보면 점박이 개인 달마티안이 떠올라요. 점무늬나 구불구불한 무늬가 있는 알들이 대개 그렇듯, 가위꼬리딱새 알에도 무늬가 있어 둥지에서 눈에 잘 띄지 않지요.

미국지빠귀

미국지빠귀의 밝은 청록색 알은 그냥 지나치기 어려워요. 새들 중에는 파란색 알을 낳는 경우가 많은데, 담록소라는 색소가 들어 있기 때문이랍니다. 푸른색의 밝기는 알마다 달라요.

타조

타조는 지구에서 가장 큰 새이며 알도 세상에서 가장 커요. 타조 한 마리 당 지름 15센티미터에 무게가 달걀 24개와 맞먹는 알을 낳지요!

세이커매

여느 매와 마찬가지로, 세이커매의 알에는 점이 촘촘하게 박혀 있어 위장하는 데 알맞아요. 세이커매는 다른 새들이 썼던 둥지 또는 절벽에 튀어나온 바위에 알을 낳아요.

도요타조

도요타조의 알은 겉면에 윤이 나서, 새가 낳은 것처럼 보이지 않아요. 도요타조마다 무늬가 다른 알을 낳는데, 분홍색과 파란색, 갈색 등 다양하답니다. 우아한 볏이 달린 도요타조는 초록색 알을 낳아요.

139

흰제비갈매기

흰제비갈매기는 열대 지방 섬에서 알을 낳는 작은 바닷새예요. 알을 딱 하나만 낳는데, 둥지를 따로 짓지 않아요. 그저 나뭇가지 위에 떨어지지 않도록 잘 놓을 뿐이지요! 부모 흰제비갈매기는 어떻게든 나뭇가지를 건드리지 않고 알을 잘 품어 주어요. 새끼가 부화하면 날카로운 발톱으로 나뭇가지를 잘 붙잡아야 해요. 그렇지 않으면 떨어지고 만답니다. 때로 흰제비갈매기는 바위 위나 심지어 건물 창문 틈새에 알을 낳기도 해요. 보기에는 위험할 것 같지만, 포식 동물을 피할 수 있어서 오히려 안전하지요.

흰제비갈매기는 바다로 갑자기 빠르게 내려와 물고기를 잡아요. 그리고 몇 마리를 한꺼번에 물어 새끼에게 먹일 수 있지요. 흰제비갈매기가 나는 모습을 바라보면 창백한 날개가 거의 투명하게 보일 정도예요.

흰제비갈매기는 잘생긴 겉모습 덕분에 요정갈매기 또는 천사갈매기로도 불린답니다.

흰제비갈매기, 인도양과 태평양.
흰제비갈매기는 좀 이상해 보이는 곳에 알을 낳아요.

목도리도요

수컷　　　암컷

암컷 목도리도요는 홀로 새끼를 키워요.
수컷의 도움은 받지 않지요.

목도리도요는 대단한 뽐내기 새랍니다. 봄이 되면 수컷 목도리도요는 무리지어 춤을 추어요. 마치 춤 경연 대회 같지요! 왜 그렇게 열심히 춤을 출까요? 암컷 목도리도요가 함께 모여 수컷들의 춤추는 모습을 지켜보기 때문이에요. 춤을 가장 잘 추는 수컷만이 암컷의 눈길을 사로잡고 짝이 된답니다.

목도리도요는 강변이나 바다에 사는 새의 일종이에요. 긴 다리로 질퍽질퍽한 갯벌을 걸어 다니고, 기다란 부리를 물과 풀, 진흙 속에 넣어 먹이를 찾지요. 봄이 되면 수컷 목도리도요는 머리와 목 주위에 예쁘장한 장식 깃털을 길러요. 그 모습이 마치 수백 년 전 유럽의 부유한 사람들이 입던 고급 옷깃 같아요.

목도리도요, 아프리카 및 아시아, 유럽.
수컷 목 주위에 자란 장식 깃털은 흰색 또는 검정색, 금색, 붉은색을 띠어요.

후투티

후투티는 사랑스럽게 노래를 부른다고 해서 이러한 이름이 지어졌어요. 수컷은 아름답고 은은한 목소리로 '훗, 훗, 훗' 하고 울면서 영역 표시를 하고 암컷의 마음을 끌어들이지요. 수컷과 암컷 후투티 모두 매우 아름다운 볏이 위로 삐죽이 솟아 있어요. 볏은 복숭아 색 바탕에, 끝이 검정색과 흰색이에요. 이들은 볏을 올리고 부채처럼 부쳐서 서로에게 설렌다는 표현을 하지요. 하늘을 날 때에는 날개를 축 늘어뜨린 것처럼 보여서, 마치 거대한 나비가 날갯짓하는 것 같아요. 그리고 멋지게 구부러진 부리로 딱정벌레와 작은 도마뱀 등을 잡아먹어요.

예부터 사람들은 후투티를 매우 좋아했어요. 고대 이집트인들은 후투티 그림을 그리고 후투티 모양으로 글자도 만들었지요. 이슬람교와 유대교, 그리스도교의 경전에도 후투티가 등장해요.

후투티, 아프리카 및 아시아, 유럽.
후투티 부모 새 둘 다 새끼에게 먹이를 가져다주어요.

후투티 새끼가 공격을 받으면,
부모 새는 적을 향해 똥을 발사한답니다!

안데스바위새

안개 낀 남아메리카 숲에 새벽빛이 밝아 오면, 엄청난 소음이 울려 퍼져요. 밝은 주황색 새들이 나무에 모여 돼지처럼 꿀꿀 대며 우는 소리에요. 마치 화가 난 듯, 날개를 펄럭이고 나뭇가지 위로 겅중 뛰어오르거나 뛰어내려요. 도대체 무슨 일이 일어난 것일까요? 모여 있는 이 새들은 안데스바위새인데, 모두 수컷이에요. 매일 아침이면 이들은 같은 나무에 모여 멋진 모습을 뽐내지요. 갈색 암컷들은 나무로 찾아와 수컷들의 장기자랑을 구경하고 그중에서 가장 멋진 수컷을 골라 짝이 되어요.

그 후, 암컷 안데스바위새는 자신이 꾸린 가족을 데리고 숲으로 향해요. 이들은 바위 표면에 둥지를 지어요. 이렇게 특이한 습성 덕분에 이름도 바위새가 되었답니다.

수컷 안데스바위새는 머리가
귤을 절반 자른 것처럼 생겼어요!

안데스바위새, 남아메리카.
수컷은 부채처럼 생긴 볏이 있는데
부리를 가릴 정도로 크답니다.

가을이 오면, 파랑어치는 도토리를
최대 5,000개까지 묻느라 바빠요.

파랑어치

파랑어치의 몸 색상은 눈부시게 아름다운 파란색이에요. 이것 말고 신기한 점이 또 있을까요? 사실 파랑어치에게는 놀라운 비밀이 있답니다. 깃털 색이 파란색이 아니라 갈색이라는 거예요! 날씨가 맑은 날의 하늘처럼, 파랑어치의 깃털도 빛의 산란 현상 때문에 파랗게 보이는 것뿐이에요.

파랑어치는 주로 숲에 살지만, 도시 공원이나 정원에서도 볼 수 있어요. 날카롭게 울부짖는 울음소리는 나무를 뚫고 나오지요. 그리고 다양한 것들을 먹는데, 특히 씨앗과 도토리 같은 견과류를 좋아해요. 가을이 되면 도토리 수천 개를 모아 겨울에 먹을 양식으로 땅속에 묻어 놓는답니다. 파랑어치는 똑똑하고 기억력이 좋지만, 어디에 도토리를 숨겼는지 매번 잊고는 해요. 이렇게 잊어 버린 도토리는 나중에 참나무로 자라지요. 파랑어치 덕분에 미래의 숲을 이룰 나무가 자랄 수 있는 거예요.

파랑어치, 북아메리카.
파랑어치의 날개는 매우 아름다운
검정색과 파란색 무늬를 이루어요.

수염방울새

열대 우림은 다양한 소리로 시끌벅적해요. 어디를 가나 다양한 새들의 울음소리와 노랫소리를 들을 수 있지요. 그런데 수컷 수염방울새가 나뭇가지에 앉아 짝을 부르며 큰 소리로 울면, 누구의 울음소리인지 모를 수가 없어요! 수염방울새는 지구에서 가장 목소리가 큰 새이거든요. 방울새는 총 네 종류가 있는데 울음소리가 저마다 달라요. 수컷 수염방울새는 "깽, 깽, 깽" 하고 반복해서 울어요. 종소리 또는 망치로 금속을 때리는 소리와 비슷하지요.

왼쪽 사진을 보면 수컷이 부리 아래로 지렁이를 주렁주렁 물고 있는 것 같지요? 사실은 검은 줄처럼 생긴 '수염' 깃털이랍니다. 암컷은 이렇게 기이한 깃털이 없고 몸도 초록색이에요. 그리고 수컷보다 훨씬 조용하지요. 실제로 소리를 낸 적이 거의 없어요.

수컷 수염방울새는 경찰차의 사이렌 소리만큼 시끄러운 소리를 내요.

수염방울새, 남아메리카.
수컷 수염방울새는 두 살이 되면 깃털에 '수염' 모양이 자라요.

나마쿠아사막꿩

사막꿩은 물을 찾아
50킬로미터까지 이동할 수 있어요.

사막과 물이 거의 없고 먼지만 날리는 지역은 무척이나 살기 힘들어요. 하지만 이곳에도 새가 있지요. 나마쿠아사막꿩은 이렇게 극한 환경에서도 끄떡없이 잘 살아요. 아침이 되면 떼 지어 물이 있는 웅덩이를 찾아 먼 길을 날아갑니다. 물을 마시고 나면 각자 흩어져 모래 속을 뒤지며 씨앗을 찾아요. 나마쿠아사막꿩의 몸통 색은 주변과 비슷한 모래 색이어서 천적인 맹금류를 피하기 알맞지요.

어린 나마쿠아사막꿩은 날 수가 없어서 금세 목이 말라요. 그래서 다 자란 수컷 나마쿠아사막꿩은 아주 놀라운 방법을 쓰지요. 물가에 앉아 배에 난 깃털을 흠뻑 적신 뒤, 둥지로 돌아가 새끼들에게 먹인답니다!

나마쿠아사막꿩, 아프리카.
독특한 새인 나마쿠아사막꿩은 비둘기 같은 몸통에 다리는 짧고, 뾰족한 꼬리 깃털이 달려 있어요.

부모 쿠바트로곤은 새끼들에게 종종 도마뱀을 먹이로 준답니다.

쿠바트로곤

쿠바트로곤은 나무 중턱의 나뭇가지에 가만히 앉아 세상 돌아가는 모습을 바라보고는 해요. 그러다 몸을 움직이기 시작하면, 숲속 배경에 녹아들어 마치 사라진 것처럼 보이지요. 마침내 새들의 모습이 나타나면 우아하고 아름다운 깃털에 눈이 즐겁답니다.

세상에는 비단깃털새가 40종류 있는데, 모두 열대 우림에 살아요. 쿠바트로곤은 쿠바에서만 볼 수 있는 비단깃털새이지요. 이 지역 사람들은 쿠바트로곤을 가리켜 '토코로코'라고 불러요. 새들이 내는 울음소리가 별나거든요. 비단깃털새는 다양한 과일과 꽃봉오리, 곤충 등을 먹어요. 그리고 나무 구멍에 들어가 쉬지요. 보통 딱따구리가 만들어 놓은 구멍에 들어가 살아요. 스스로 구멍을 파는 것보다 훨씬 쉬우니까요.

쿠바트로곤, 쿠바.
수컷 쿠바트로곤은 부리와 날개, 꼬리를 쫙 벌려서 위협하는 자세를 취해요. 자기 영역을 지키기 위해서예요.

킬디어

이 작은 새는 이름에 '죽이다'는 뜻의 '킬 kill'이 있어서 무섭게 느껴지지만, 사실은 그렇지 않아요. 울음소리가 '킬-디어'로 들려서 붙은 이름이랍니다. 킬디어는 물떼새의 일종이에요. 종이 비슷한 다른 새들처럼 다리가 길어서 물을 휘적휘적 헤치고 다니기 알맞지요. 하지만 물에서 멀리 떨어져 살기도 해요. 길가나 공항, 주차장, 건물이 밀집된 지역 등 풀이나 돌이 많은 곳에서도 볼 수 있어요.

여우와 같은 포식 동물이 둥지로 살금살금 다가오면, 킬디어는 속임수를 써요. 길 위에서 푸드덕거리는 거예요. 새가 다쳤다고 생각한 포식자는 손쉬운 먹잇감으로 여기고 따라가지요. 그 순간 영악한 킬디어는 둥지로 재빨리 날아가요. 그러면 포식자는 어리둥절한 채 빈손으로 남고 말아요.

킬디어는 사람들을 무서워하지 않아 길들이기 쉬워요.

킬디어, 북아메리카 및 중앙아메리카, 남아메리카.
킬디어는 포식자와 맞닥뜨리면 날개를 비틀어서 부러진 척한답니다.

불꽃바우어새

바우어새는 세상에서 가장 뛰어난 건축가 중 하나예요.

새들은 짝을 찾는 데 온갖 노력을 기울여요. 많은 새들이 고운 목소리로 지저귀고, 아름다운 깃털을 기르지요. 춤추는 새가 있는가 하면, 공중에서 묘기를 부리며 눈길을 끌기도 해요. 수컷 불꽃바우어새는 건축 기술로 암컷의 마음을 사로잡아요. 숲에 살면서 나뭇가지와 잎으로 아주 정교한 집을 짓지요. 바우어새는 꽃과 딸기, 딱정벌레의 반짝이는 날개 껍질, 달팽이 껍데기 등 눈에 띄는 물건을 가져와 집을 장식하고 완성해요.

수컷 불꽃바우어새는 나뭇가지로 좁은 벽을 두 개 만들어요. 그러고 나서 마치 무대 위에 등장하듯 나뭇가지 사이를 으스대며 걸어요. 하지만 암컷은 까다로워요. 수컷들이 저마다 만든 작품을 이리저리 둘러보며 그중에 가장 마음에 드는 것을 고른답니다.

불꽃바우어새, 뉴기니.
불꽃바우어새의 화려한 깃털은 두 기둥 사이에 있을 때 더욱 돋보여요.

긴꼬리마나킨

마나킨은 춤추지 않을 때에는
몹시 수줍은 새가 된답니다.

암컷　수컷

긴꼬리마나킨, 중앙아메리카.
색이 알록달록한 수컷 긴꼬리마나킨에게는 기다란 꼬리 깃털이 있어요. 암컷은 녹색 바탕에 꼬리가 짧지요.

마나킨처럼 춤을 잘 추는 새는 보기 힘들 거예요. 춤은 수컷만 추는데, 목적은 오직 암컷의 마음에 드는 것이랍니다. 꼬리가 긴 마나킨 수컷은 팀을 이루어 춤을 추어요. 무대는 커다랗고 평평한 나뭇가지이지요. 그 위에서 마나킨들은 몇 가지 순서대로 춤을 추는데, 그중에는 '거꾸로 매달려' 춤추기도 있어요. 수컷 한 마리가 공중으로 뛰어오른 뒤 몸을 거꾸로 한 채 날개를 퍼덕이며 가지로 내려오면, 다른 수컷이 이어서 하는 식이지요. 이렇게 해서 모두 장기자랑에 참여해요. 동시에 노래를 부르기도 한답니다. 게다가 다른 새들의 등을 타고 뛰어넘어 자리를 바꾸기도 해요! 마나킨은 이렇게 함께 춤추는 연습을 하는 데 적어도 5년을 보내요.

유럽찌르레기

찌르레기는 엄청나게
거대한 떼를 이루어 날아다녀요.

나무에서 전화 울리는 소리가 들려도 놀라지 마세요. 찌르레기 소리일 테니까요! 똑똑한 찌르레기는 전화벨 소리와 전동 공구, 다른 새소리 등 온갖 소리를 똑같이 따라한답니다. 게다가 작곡가처럼 들은 소리를 섞어서, 자신만의 지저귀는 소리와 휘파람 소리를 내요.

겨울 저녁이 되면 찌르레기들은 다 같이 모여 앉아요. 거대한 떼를 이루어 하늘을 맴돌다가 밤이 되면 앉아서 쉬는 것이지요. 찌르레기는 함께 모여서 하늘을 날며 계속 방향을 바꾸어요. 그래서 포식자는 헷갈려서 쉬이 잡지 못한답니다. 찌르레기 떼는 방향을 이리저리 바꾸며 하늘 위에 놀라운 볼거리를 펼쳐요. 단 한 마리도 충돌하지 않고, 수백만 마리가 질서 정연하게 움직여 거대한 생명체 하나를 이루는 것 같아요.

유럽찌르레기, 아프리카 및 아시아, 유럽.
구름떼처럼 모인 찌르레기가 함께 방향을 바꾸며 하늘에 소용돌이 모양을 만들어요.

까마귀
까마귀는 곡예 비행을 잘해요. 덕분에 위험한 상황과 맞닥뜨리거나 방향을 바꿀 때 넓은 날개로 빠르게 벗어날 수 있지요. 날개 끝은 간격이 벌어져 있어 공기의 흐름을 타기 좋아요.

황새는 날개 가장자리에 손가락 모양 깃털이 있어요.

인도파랑새
파랑새 대신 롤러라고도 불리는데, 수컷이 암컷에게 잘 보이려고 힘차게 날아오른다고 해서 붙은 이름이에요. 이렇게 멋진 뽐내기 비행을 하는 동안, 공중 돌기를 하거나 거꾸로 비행을 하지요. 그리고 먹잇감이 보일 때까지 공중에서 기다리다가 아래로 돌진하여 낚아채요.

황새
황새에게는 거대하고 넓은 날개가 있어요. 날개를 천천히 펄럭이다가 공중으로 솟구쳐 오르는 행동을 번갈아가며 하지요. 날개 끝에 있는 깃털은 손가락처럼 벌어져 있어 하늘 위로 날아오를 때 따뜻한 공기의 흐름을 타기 좋아요.

인도파랑새는 날개를 활짝 펴며 선명한 파란색과 청록색 깃털을 뽐낸답니다.

날개

새들은 날개가 있어요. 어떤 새는 날개가 있어도 날지 못하지만요. 날개 모양은 저마다 생활 방식에 알맞게 발달했어요. 알버트로스는 날개가 길고 튼튼해서 지구 두 바퀴 거리를 날 수 있어요. 펭귄의 날개는 무거워서 바다에서 수심 450미터까지 잠수할 수 있지요. 날개 모양을 살펴보면, 새들이 공중에서 얼마나 오래 있는지 짐작할 수 있어요.

검은눈썹알버트로스
알버트로스는 날개가 매우 길어서 머나먼 거리를 비행하기에 딱 알맞아요. 파도에서 위로 향하는 공기의 흐름을 타므로 공중에 머물기 위해 계속 날갯짓을 할 필요가 없지요. 날개 모양을 보면 알버트로스가 비행을 할 때 에너지를 거의 쓰지 않는다는 것을 알 수 있어요.

칼새
칼새는 제트기와 조금 닮았어요. 좁고 구부러진 날개로 공중을 지그재그 모양으로 비행하다가, 곤충을 잡을 때에는 쏜살같이 내려가지요. 다른 칼새처럼 이 새도 육지에 착륙하는 일이 드물어요. 심지어 잠을 잘 때에도 하늘 위에서 잔답니다.

적갈색벌새
벌새는 작지만 비행 챔피언이에요. 날개를 펄럭이지 않고 8자 모양으로 움직이는데, 덕분에 공기를 끊임없이 밀어내어 올라갈 수 있지요. 벌새는 공중에서 맴돌 수 있고 심지어 몸을 뒤집거나 거꾸로 비행할 줄도 알아요!

원숭이올빼미
올빼미는 조용히 다가와, 먹잇감을 잡는 순간 깜짝 놀래 주어요. 소리 없이 날갯짓을 할 수 있기 때문에 아래에 있는 먹잇감이 알아차리지 못하지요. 날개 뒤에 있는 깃털에는 보드라운 술 모양이 달려 있는데, 공기를 가르는 소리를 줄여 주는 역할을 해요.

황제펭귄
펭귄은 몸이 너무 무거워 날지 못해요. 하지만 길고 얇은 날개는 하늘을 비행하는 것 못지않게 물속을 가르는 데 안성맞춤이랍니다. 펭귄은 물속에 뛰어들어 날개를 퍼덕이며 헤엄을 쳐요. 깃털에는 방수 기능이 있어서 물에 젖지 않지요.

북부홍관조

이 우아하고 아름다운 새는 온통 새빨간 색이에요. 심지어 부리도 붉은색이지요. 하지만 수컷만 이렇게 밝은색을 띠어요. 암컷의 깃털은 분홍빛이 도는 회색이나 갈색이어서 둥지에서 새끼를 기를 때 숨어 있기 좋아요. 홍관조의 영어 이름은 '추기경'이라는 뜻의 '카디널cardinal'이에요. 그 이유는 가톨릭교회의 추기경이 빨간 모자와 망토를 착용하기 때문이에요.

홍관조는 정원과 공원에서 흥겨운 볼거리를 제공해 주고, 먹이 주는 사람들을 반겨 준답니다. 해바라기 씨앗은 홍관조가 가장 좋아하는 먹이예요. 봄이 되면 수컷은 암컷 짝에게 먹을거리 선물을 부리로 가져다 주어요. 홍관조 한 쌍은 함께 아름다운 노래를 부르며 돈독한 사이를 자랑한답니다.

홍관조는 미국 7개 주를 상징하는 새이며, 미국의 많은 스포츠 팀 마스코트이기도 해요.

북부홍관조, 북아메리카.
수컷 홍관조의 깃털은 부리 주위를
빼면 모두 붉은색이에요.
부리 주위만 검은색이지요.

요란팔색조

이 새는 이름 그대로 매우 시끄러워요. 일 년 중 절반은 숲에서 낮이고 밤이고 큰 소리로 휘파람 소리를 내지요. 다른 시간에는 아주 조용해져요. 요란팔색조는 숲 주변을 폴짝폴짝 뛰어다니며 낙엽 사이에 숨은 달팽이와 딱정벌레, 지렁이 등을 찾아요. 이따금 자기가 좋아하는 바위에 달팽이를 집어 던져 껍데기를 부수고 맛있는 살만 쏙 빼서 먹지요. 요란팔색조는 캥거루의 일종인 왈라비 똥으로 둥지를 만들고는 해요. 더럽다고 생각할 수 있지만, 천적인 뱀을 피할 수 있어서 영리한 전략이라 할 수 있지요. 똥은 냄새가 고약하지만, 뱀은 이 냄새 때문에 둥지가 어디에 있는지 알 수 없어요.

팔색조를 피타라고도 불러요. 피타라는 이름은 둥글넓적한 빵인 피타와는 아무런 상관이 없어요! 피타는 아메리카 원주민인 인디언 언어로 '작은 새'라는 뜻이랍니다.

요란팔색조, 오세아니아.
요란팔색조는 꼬리가 무척이나 작아서 있는 듯 없는 듯해요.

요란팔색조는 수컷과 암컷 모두
화려한 색을 뽐낸답니다.

흰가슴물까마귀

어떤 물까마귀는 폭포 뒤에 둥지를 만들어요.

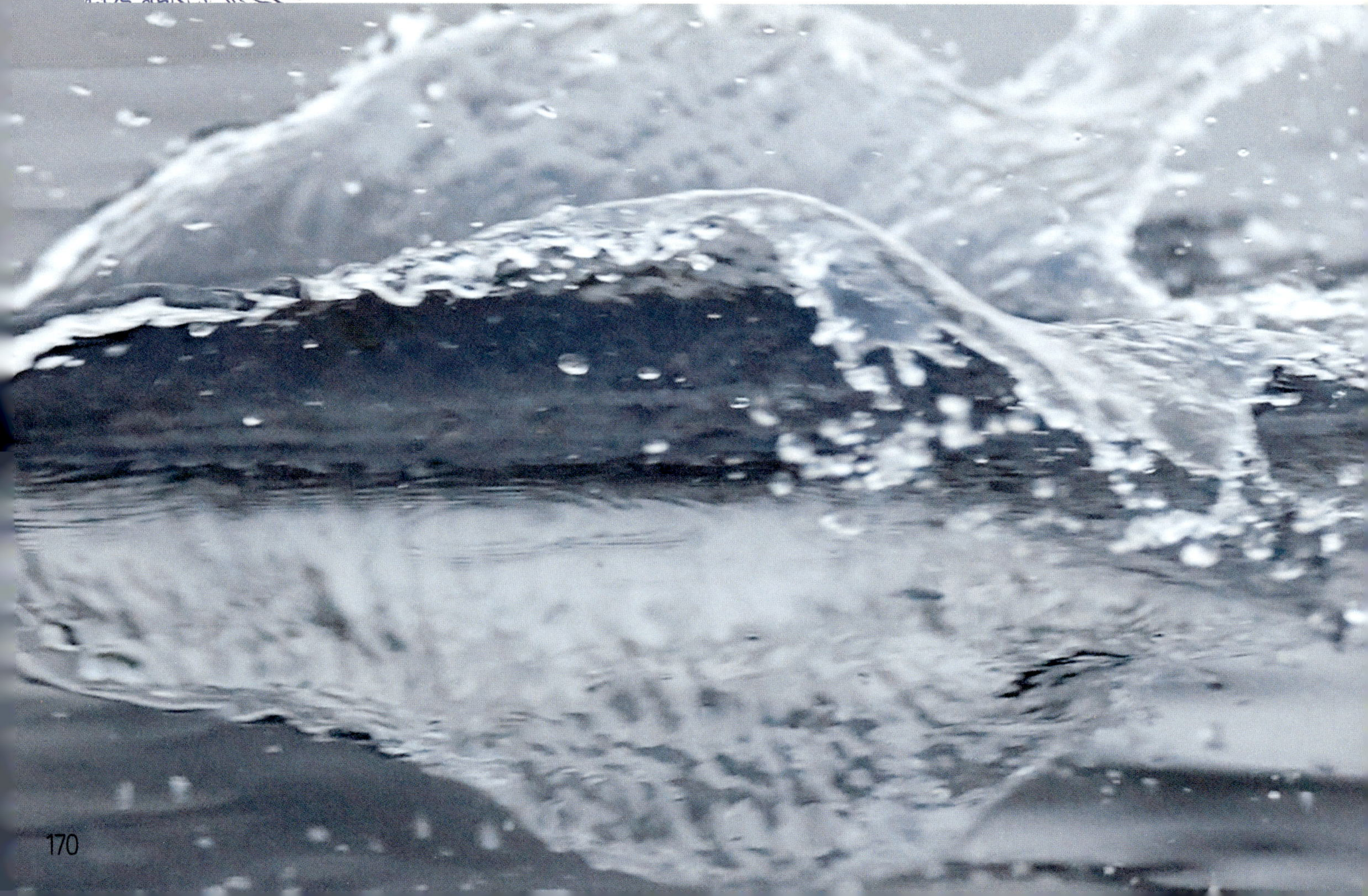

물속을 걸을 수 있다고 상상해 보아요. 글쎄 물까마귀가 이런 능력이 있답니다! 흰가슴물까마귀는 계곡과 강 근처에 살아요. 마법을 부리듯, 물살이 거센 강 옆 바위에 앉아 있다가 물속으로 뛰어들어 사라져요. 사실은 돌무더기 강바닥으로 뛰어드는 거예요. 물까마귀는 강바닥을 걸어 다니며 물속에 사는 곤충과 새우 등 먹잇감을 찾아요. 물론 수영을 할 줄도 알아요. 날개로 물을 두드려서 앞으로 나아가지요.

물까마귀의 몸통은 둥글고 크기는 오렌지와 비슷해요. 이렇게 작은 크기로 물속을 걷거나 수영하는 새는 물까마귀밖에 없지요. 물까마귀의 영어 이름은 디퍼dipper인데 '아래로 떨어지다'라는 뜻이 있어요. 이런 이름이 생긴 이유는 물까마귀의 특이하고 이유를 알 수 없는 버릇 때문이에요. 바위에 앉아 1분에 최대 50번이나 고개를 아래위로 까닥이고는 한답니다.

흰가슴물까마귀, 아시아 및 유럽.
물까마귀는 날개를 빠르게 움직이며 물 위에서 속도를 내요.

황여새, 아시아 및 유럽, 북아메리카.
재주가 많은 황여새는 날개와
꼬리로 균형을 잡는답니다.

황여새

온화한 휘파람 소리가 들린다면 근처에 황여새가 있는 거예요. 이 아름다운 새는 복숭앗빛 몸에 머리에는 볏이 솟아 있지요. 여름에는 북반구 소나무 숲에 살며 날아다니는 파리를 잡아먹어요. 하지만 겨울이 되면 먹이가 과일로 바뀌어요. 몇 해 동안 나무에 과일이 많이 자라지 않으면, 배가 고파진 황여새는 더 남쪽으로 날아가요. 때로 도시를 향하기도 하는데, 복잡한 도시 옆에 자라는 나무에 앉아 맛있게 열매를 먹는 모습을 볼 수 있어요. 도시의 자동차 소리나 소음은 황여새에게 아무런 방해가 되지 않는가 봐요. 날개 깃털은 붉은색 밀랍 같은 소재로 덮여 있는데, 어른 새로 다 자랐다는 증거로 볼 수 있어요. 날개에 특별한 윤기가 난다고 해서 영어 이름이 '윤기 나는 날개'라는 뜻의 왁스윙waxwing이 되었답니다.

황여새는 하루에 딸기류 열매를 많게는 800개까지 먹을 수 있어요.

큰꿀잡이새

벌집은 먹을거리로 가득해요. 하지만 큰꿀잡이새와 같은 큰 새들은 안을 뚫고 들어가기 어렵지요. 그래서 누군가에게 도움을 요청해요. 특별한 울음소리로 벌꿀오소리를 부르고, 벌집으로 안내하지요. 힘센 오소리가 벌집을 마구 헤집어 놓고 식사를 마치면, 큰꿀잡이새가 남은 꿀을 신나게 먹어요. 큰꿀잡이새는 어린 벌뿐만 아니라 벌집을 만들 때 쓰는 끈끈한 밀랍도 먹는답니다. 큰꿀잡이새와 벌꿀오소리는 협력해서 먹이를 얻고 나누어 먹어요.

아프리카 일부 지역에서는 사람들과 한 팀이 되어 일하는 큰꿀잡이새도 있어요. 사람들에게 휘파람 소리를 내어 꿀이 가득한 벌집의 위치를 알려주지요. 야생 동물이 인간과 협력하는 흔치 않은 사례예요.

**큰꿀잡이새는 밀랍을 먹을 수 있는 유일한 새에요.
그래도 벌에 쏘이지 않도록 조심해야겠지요!**

큰꿀잡이새, 아프리카.
큰꿀잡이새는 피부가 두꺼워서
벌침을 막을 수 있어요.

사랑앵무

오스트레일리아에 가면 하늘 위를 휭 맴도는 연노랑색 새 떼를 볼 수 있어요. 사랑앵무인데, 기다란 꼬리가 있는 작은 앵무새이지요. 원래 사는 곳은 덥고 건조해서, 물과 씨앗을 찾아 머나먼 거리를 날아가요. 오랜 기다림 끝에 비가 내리면 어마어마한 떼를 이루어 멀리서도 찾아오지요. 비가 내리면 식물도 쑥쑥 자라기 때문에 사랑앵무가 먹을거리도 많아져요.

사랑앵무는 전 세계에서 가장 많이 사랑받는 반려동물 중 하나예요. 연한 파랑색과 보라색 등 밝은색이 많지요. 보통 쾌활한 짹짹 소리를 내지만, 사람의 이야기 소리를 듣고 따라할 때도 있답니다.

사랑앵무는 엄청나게 거대한 떼를 이루어요. 수천 마리가 한곳에 모인답니다.

사랑앵무, 오스트레일리아.
사랑앵무는 나무의 빈 공간에 보금자리를 차려요. 몇 쌍이 같은 나무를 나누어 쓰기도 해요.

푸어윌쏙독새는 겨울잠을 자요.
잠자는 동안에는 돌처럼 딱딱하고 차갑게 굳어요.

푸어윌쏙독새

어떤 생명체들은 따듯한 계절이 돌아올 때까지 겨울잠을 자요. 곰과 박쥐 등 많은 동물들은 겨울이 되면 활동을 멈추고 죽은 듯 깊이 잠들어요. 그런데 겨울잠을 자는 유일한 새가 있답니다. 푸어윌쏙독새예요. 이 새는 몇 개월 동안 겨울잠을 자요. 겨울이 오면 바위틈에 숨어서 체온을 섭씨 5도까지 내리지요. 심장 박동도 느려지고 살아 있는 낌새가 들지 않을 정도로 숨도 약하게 쉬어요. 이런 모습을 보고 북아메리카의 호피족은 푸어윌쏙독새를 '잠자는 새'라고 불렀대요.

푸어윌쏙독새는 야행성이에요. 밤에 어두운 하늘을 날아다니며 곤충을 사냥하는데, 그 모습이 거대한 나방 같아요. 낮에는 땅 위에서 쉬어요. '푸어윌'이라는 희한한 울음소리를 내기 때문에 이런 이름이 생겼어요.

푸어윌쏙독새, 북아메리카.
회색과 갈색 깃털 덕분에 땅에서 숨어 지내기 좋아요.

쇠벌잡이새

쇠벌잡이새는 서로 가까이 붙어서 앉아 있기를 좋아해요. 나뭇가지 위에 앉아 한 줄로 이리저리 움직이지요. 쇠벌잡이새 떼는 아프리카에서 흔히 볼 수 있어요. 대개 강과 초원 근처에 살며, 모래톱에 굴을 파서 둥지를 지어요.

이름에서 알 수 있듯이, 쇠벌잡이새는 벌을 먹어요. 벌뿐만 아니라 말벌도 잡아먹는답니다. 하늘 위에서 내려오다가 솟아오르고, 다시 돌진해서 먹잇감을 잡아요. 그러고 나서 나뭇가지에 던져서 먹잇감을 꽉 눌러 버리지요. 평균 5분에 한 마리씩 벌이나 말벌을 잡는답니다.

쇠벌잡이새, 아프리카.
쇠벌잡이새 무리가 나란히 앉아 같은 곳을 바라보고 있어요.

밤이 되면 쇠벌잡이새는 서로 꼭 껴안고
따스하게 잠을 잔답니다.

검은등칼새

칼새의 다리와 발은 너무 작아서
보이지 않을 정도예요.

검은등칼새, 아프리카 및 아시아, 유럽.
하늘의 주인인 검은등칼새는 공중에서 열 달 동안 한 번도 쉬지 않고 날 수 있어요.

어느 여름 저녁, 검은등칼새 여러 마리가 옥상에서 마치 경주를 하듯 쌩하니 날아가요. 검은등칼새의 날개는 길고 구부러져 있어서, 빨리 날 수 있어요. 최대 시속을 무려 110킬로미터까지 낼 수 있는 세계에서 빠른 새 중 하나랍니다.

칼새는 입을 벌린 채 비행하다가 공중에서 곤충을 잡을 수 있어요. 날고 있는 채로 물속에 몸을 담가서 물을 마신 뒤 목욕할 수 있지요. 심지어 잠도 하늘에서 잔답니다! 계속 높이 올라갔다가 원 모양으로 활공하며 짧게 잠을 잔다고 추측해요. 하지만 번식을 하려면 땅으로 내려와야 해요. 대개 건물 위나 지붕 아래 또는 사람들이 마련해 준 상자에 알을 낳고 새끼를 키워요. 유럽과 아시아에서 사는 칼새는 여름이 지나면 남쪽 아프리카로 날아가고 이듬해 봄에 북쪽으로 돌아온답니다.

화식조

여기에 나온 발 한 쌍을 보면 티라노사우루스의 발이라고 착각할지도 몰라요. 사실 화식조의 발이랍니다. 화식조는 대형 조류에 속하며 날 수 없지만, 무시무시한 발차기로 포식자를 물리칠 수 있어요.

화식조의 발 안쪽에 달린 기다란 발톱은 매서운 무기예요.

사할린뇌조

사할린뇌조는 겨울에 눈이 많이 내리는 추운 북쪽 지방에 살아요. 다른 새들과 달리 다리와 발에도 깃털이 있지요. 덕분에 다리를 따스하게 유지할 수 있어요. 발에 달린 털은 겨울에 신는 털신 역할을 해서 눈 속에 발이 빠지지 않지요.

아프리카물수리

맹금류는 커다란 발가락과 뾰족하고 구부러진 발톱이 있어요. 이런 발은 먹잇감을 단단히 잡기에 유리하지요. 아프리카물수리의 갈고리 발톱은 무척이나 길어서 미끄러운 물고기를 잡기에 특히 알맞아요.

세가락도요

새들은 대부분 발가락이 4개 있어요. 3개는 앞을 향하고 나머지 하나만 뒤를 향하지요. 하지만 세가락도요는 그렇지 않아요. 세가락도요는 여느 새들처럼 나뭇가지를 잡을 필요가 없고, 평생 해안 주변을 달리며 살았기 때문에 뒷발가락이 퇴화했어요.

청동오리

오리과에 속하는 청둥오리는 평생을 물가에서 첨벙거리며 보내요. 발가락 사이에는 물갈퀴가 있어 잠수부가 쓰는 지느러미발 같은 역할을 하지요. 물갈퀴 덕분에 발의 면적이 넓어져 물의 저항을 이겨낼 수 있어요.

오리는 발가락 사이에 물갈퀴가 있어 헤엄을 잘 쳐요.

큰유황앵무

코카투를 비롯한 앵무새는 대부분의 시간을 나뭇가지 위를 걸으며 보내요. 발은 무언가를 잡기에 알맞게 발달했지요. 가운데 발가락 2개는 앞을 향해 있고 바깥쪽 2개는 뒤를 향하여 집게 모양을 이루지요. 이런 모양은 먹잇감을 잡기에도 안성맞춤이에요.

아마존물꿩

발가락이 가장 긴 새에게 상을 준다면 아마존물꿩이 받을 거예요. 아마존물꿩은 습지에 사는데, 수련과 같이 물 위에 떠 있는 식물 위를 걸어 다녀요. 이러한 식물에서 떨어지지 않으려면 길고 넓게 퍼진 발가락이 꼭 필요하지요.

나무발발이

나무발발이는 쥐처럼 생긴 새인데, 나무 위를 바삐 돌아다니며 곤충을 찾아요. 발가락은 얇지만 매우 길고 구부러져 있는데, 덕분에 나무껍질을 잘 잡을 수 있어요. 나무를 아주 꽉 붙잡기 때문에 나뭇가지에서 거꾸로 걸을 수도 있답니다.

발

새의 발을 보면 이들의 조상인 공룡의 비늘 덮인 날카로운 발이 떠오를 거예요. 새는 손이 없기 때문에 발로 물건을 잡거나 가려운 곳을 긁고는 하지요. 날개와 부리도 그렇지만, 새의 발 모양을 보면 어떤 곳에서 사는지 많은 사실을 알 수 있어요. 맹금류의 날카로운 갈고리 발톱은 먹잇감을 꽉 잡을 때 필요하고, 물갈퀴가 달린 발은 물에서 헤엄치는 시간이 많다는 것을 의미하지요. 어떤 새는 짝의 마음을 사로잡으려고 발을 쓰기도 해요!

윌슨극락조

사람들은 한때 하늘에 새들의 천국이 있고 구름 사이에 둥둥 떠다닌다고 믿었어요. 윌슨극락조의 휘황찬란한 생김새를 보면 왜 그런 믿음이 생겼는지 알 수 있지요. 하지만 정작 이 새는 열대 우림에 산답니다. 수컷 윌슨극락조는 지구에서 가장 알록달록한 새 중에 하나예요. 색깔이 이렇게 화려한 이유는 당연히 암컷을 끌어들이기 위해서예요. 하지만 깃털을 뽐내기 전에 우선 몸단장부터 해요. 바닥에 떨어진 나뭇잎을 쓸어 내고 암컷에게 보여 줄 수 있는 최고의 무대를 만든답니다. 이제 자신의 '무대' 한가운데에 앉아 기다란 꼬리 깃털 두 가닥을 반짝이도록 빙글빙글 돌려요. 동시에 짝을 부르는 노랫소리를 내는데, 마치 자동차가 내는 경적 소리 같아요.

수컷   암컷

윌슨극락조, 인도네시아.
수컷의 머리는 깃털이 없고 파란색이에요. 꼬리 깃털은 신기할 정도로 곱슬거리지요.

윌슨극락조는 입 색깔도 다양해요.
안은 밝은 녹색이랍니다!

참새

수컷 암컷

참새, 남극을 제외한 전 세계.
어른 참새는 이제 막 둥지를 떠난 어린 참새를 계속해서 돌보아 주어요.

수천 년 전, 참새는 유럽과 서아시아에만 살았어요. 하지만 워낙 사람 가까이에서 살다 보니 전 세계로 퍼져 나갔지요. 오늘날 참새는 남극을 제외한 모든 대륙에 살아요. 성격이 쾌활한 이 자그마한 새는 우리가 사는 건물 근처에 둥지를 틀고, 밭을 비롯해 도시와 마을 근처에서 먹이를 찾아요. 참새는 미국 뉴욕에 있는 80층 건물에서 발견된 적도 있답니다!

수컷 참새는 목에 검은 반점이 있어요. 반점은 암컷에게 자신이 건강하고 튼튼하다는 것을 드러내는 증거가 되지요. 검은 반점이 짙을수록 건강하다는 뜻이거든요. 참새는 종종 흙먼지 위에서 뒹굴뒹굴 구르기도 해요. 믿기지 않겠지만 이렇게 목욕해야 청결을 유지할 수 있답니다!

짹짹거리는 참새 소리는 우리에게 친근한 새소리 중 하나이지요.

딱따구리핀치, 갈라파고스 제도.
핀치는 나뭇가지를 도구로 사용해요.

딱따구리핀치

육지에서 멀리 떨어진 갈라파고스 제도는 전 세계 어디에서도 볼 수 없는 특별한 동물들의 보금자리예요. 그중에 하나가 딱따구리핀치랍니다. 딱따구리핀치는 놀라운 기술이 있어요. 나뭇가지를 잡아 짧게 자른 뒤, 부리로 물어요. 이 영리한 새는 이 뾰족한 나뭇가지를 나무 구멍에 꽂아요. 나뭇가지를 먹이 찾는 도구로 이용하는 거예요! 핀치는 나뭇가지를 사용해 나무속에 있던 먹음직스러운 애벌레를 뽑아 먹지요. 나뭇가지가 없었다면 아마 먹을 수 없었을 거예요.

우리는 매일 도구를 쓰지만, 새는 대체로 그렇지 않아요. 핀치 말고 도구를 쓸 줄 아는 새는 앵무새와 까마귀밖에 없답니다.

딱따구리핀치는 때로 선인장의 가시를 뽑아 도구로 사용해요.

집단베짜기새

세상에서 가장 큰 둥지는 큰 새가 만든 것이 아니에요. 참새처럼 자그마한 새가 만들었답니다. 바로 집단베짜기새예요. 나뭇가지로 만든 둥지는 크기가 창고만 하고 무게가 젖소 한 마리와 맞먹는 것도 있답니다! 집단베짜기새는 여럿이 함께 힘을 합쳐 나무나 전봇대에 공동 둥지를 지어요. 어떤 새가 집짓기를 게을리하면, 다른 새가 와서 야단을 쳐요. 둥지의 벽을 두껍게 만들면 포식 동물과 강렬한 햇빛을 피할 수 있답니다.

둥지 안에서는 집단베짜기새 한 쌍씩 각각 방을 가져요. 매나 올빼미가 은근슬쩍 들어와서 방을 차지하기도 하지요. 둥지가 아주아주 커서 여러 새들로 북적이기 마련이에요.

지은 지 100년 정도 된 둥지도 있어요.

집단베짜기새, 아프리카.
각 둥지는 집단베짜기새 수백 쌍의 보금자리가 됩니다. 저마다 다른 입구가 있어요.

오목눈이 암컷은 점박이 알을
127개까지 낳을 수 있어요.

오목눈이

이 작고 예쁜 새는 둥그런 몸에 긴 꼬리가 달렸어요. 그 모습이 꼭 막대사탕 같지요! 항상 어딘가에 서둘러 가는 것마냥 한시도 가만히 있지 않는답니다. 작은 곡예사처럼 숲과 정원에서 휙 스쳐 지나가는 모습을 볼 수 있어요. 오목눈이는 나뭇가지 아래를 샅샅이 뒤지며 애벌레와 거미 등 작은 먹잇감을 찾아요.

이른 봄에 수컷과 암컷은 이끼와 거미줄로 아주 멋진 둥지를 만들어요. 둥그런 지붕에 한쪽에만 입구가 있는 모습이 마치 복슬복슬한 코코넛 열매 같아요. 오목눈이 한 쌍은 둥지 가장자리에 깃털 수백 개를 덮어 새끼들이 춥지 않게 해 주어요. 새끼들을 기르는 일은 무척이나 힘들지만, 영역을 같이 쓰는 다른 형제자매 새들이 육아를 도와준답니다. 새끼 오목눈이의 삼촌과 이모, 고모들이 함께 돌보아 주는 셈이에요.

오목눈이, 아시아 및 유럽.
오목눈이의 둥지는 신축성이 있기 때문에 새끼들의 몸집이 커질 때마다 맞추어 늘일 수 있어요.

유럽울새는 몇몇 나라에서
크리스마스의 상징이에요.

유럽울새

전 세계에 이름이 '울새'인 작은 새는 많지만, 딱히 서로 친척 관계는 아니에요. 유럽울새는 숲과 마당에서 흔히 볼 수 있으며 길들이기도 무척이나 쉬워요. 종종 정원사들을 따라가, 땅을 파다가 나온 지렁이를 먹기도 한답니다.

유럽울새는 사계절 내내 울어요. 심지어 겨울에도 멈추지 않지요. 희한하게 마을과 도시에서는 밤에도 우는 소리를 들을 수 있어요. 아무래도 밤이 낮보다 조용하기 때문에 더 잘 들릴 테지요. 거리의 불빛이 밝아서 유럽울새가 낮이라고 생각하고 우는 것일 수도 있어요. 울새는 특이한 장소에 둥지를 짓는 것으로도 유명하답니다. 어떤 울새는 코트 주머니 또는 우체통, 심지어 자동차 후드에도 둥지를 틀어요!

유럽울새, 아프리카 및 아시아, 유럽
추운 겨울이 되면 유럽울새는 깃털을
부풀려서 체온을 따뜻하게 유지해요.

요정올빼미, 북아메리카.
키 큰 선인장은 요정올빼미에게 따끔하지만 안전한 집이 되어 준답니다.

요정올빼미

요정올빼미는 참새보다도 작아요! 하지만 이 작은 사냥꾼은 뽀족한 부리에 그보다 더 뾰족한 발톱이 있어서, 크기에 비해 꽤 용맹하답니다. 요정올빼미는 사막에 살며 밤에 사냥해요. 뛰어난 청력과 야간 시력을 이용해 어둠속에서 먹잇감을 찾아내지요. 대부분 나방과 딱정벌레, 거미와 같은 작은 동물을 잡아먹어요. 위험할 법도 한데 독침을 쏘는 전갈을 잡는 법도 안답니다. 우선 침을 물어뜯어서 전갈이 공격하지 못하게 한 다음 한꺼번에 꿀꺽 삼켜요.

올빼미는 스스로 둥지를 만들지 않아요. 대신 딱따구리가 나무와 선인장에 뚫어 놓은 구멍 속에 들어가 살지요. 부모 올빼미는 꽤나 시끄러운데, 강아지가 요란하게 짖는 소리를 내요.

요정올빼미는 세계에서 가장 작은 올빼미예요.

진홍꿀먹이새

북아메리카 서쪽, 태평양 머나먼 곳에 하와이 제도가 있어요. 이곳에는 다른 어떤 곳에서도 볼 수 없는 멋진 새들이 많아요. 그중에 하나가 진홍꿀먹이새랍니다. 붉은색과 검정색이 섞인 이 작은 새는 습한 숲속에 살아요. 꽃 위에 살포시 앉아 구부러진 부리를 안에 넣고는 꿀을 꿀꺽꿀꺽 먹지요. 주름 장식이 있고 빨간 꽃이 피는 나무가 딱 하나 있는데, 진홍꿀먹이새는 이 꽃을 가장 좋아해요. 진홍꿀먹이새가 이 나무를 찾으면, 다른 새들이 오지 못하게 막고는 혼자 꽃을 차지해요.

진홍꿀먹이새는 '꿀먹이새'에 속하는데, 오직 하와이에서만 볼 수 있어요. 꿀먹이새는 먹는 방식에 따라 부리가 다르게 생겼어요. 어떤 꿀먹이새의 부리는 통통한 반면, 다른 부리는 뾰족하거나 구부러졌어요.

진홍꿀먹이새는 비를 맞으며
깃털을 씻어요.

진홍꿀먹이새, 하와이.
진홍꿀먹이새의
구부러진 부리는 꽃에
꼭 들어맞아요.

요정굴뚝새

요정굴뚝새는 오스트레일리아에서 사랑받는 새 중 하나예요. 수컷의 머리는 윤기 나는 파란색인데 움직일 때마다 반짝여요. 암컷은 대체로 갈색이지만, 수컷처럼 다리와 꼬리가 길고 활기차 보여요. 무슨 이유인지 꼬리는 항상 위로 쭉 뻗어 있어요. 주로 덤불이 많은 시골이나 정원에 살면서 곤충을 찾아 폴짝폴짝 뛰어다녀요.

많은 과학자들이 요정굴뚝새를 연구 대상으로 삼았어요. 이들의 가족생활이 매우 흥미롭기 때문이지요. 수컷과 암컷이 짝을 이루어 번식을 하면, 다른 요정굴뚝새 7마리가 양육을 도와야 해요. 과학자들은 요정굴뚝새가 울음소리를 20가지 정도 달리 낼 수 있다는 사실도 밝혀냈어요. 성격도 가지각색이랍니다. 이를테면 성격이 대담한 요정굴뚝새도 있고, 반대로 겁이 많기도 해요.

수컷 요정굴뚝새는 짝에게
노란 꽃잎을 선물로 주어요.

요정굴뚝새, 오스트레일리아.
요정굴뚝새는 가족을 이루어 살아요.

검은등난쟁이 물총새

온갖 색이 뒤섞인 작은 새가 휙 하고 지나가요. 마침내 나뭇가지 위에 앉지요. 이 새의 보석처럼 눈부신 깃털과 밝고 빨간 부리를 본다면 감탄이 절로 나올 거예요. 빠른 속도로 날아다니는 이 새의 이름은 검은등난쟁이물총새랍니다. 열대 우림에 사는데, 특히 개울 근처를 좋아해요. 다른 물총새처럼 검은등난쟁이물총새도 열대 우림에서 개구리와 대형 곤충을 잡아먹지요. 이따금 거미줄에 붙잡힌 곤충을 가져가기도 해요!

옛날부터 물총새가 등장하는 이야기와 신화도 많이 전해져요. 고대 그리스에서는 물총새가 바다를 다스리는 마법의 힘이 있다고 믿었어요. 그래서 둥지를 틀려고 성난 파도를 고요하게 가라앉힌다고 생각했지요.

물총새는 물속으로 뛰어들 때 물을 거의 튀기지 않아요.

검은등난쟁이물총새, 아시아.
물총새는 단검처럼 생긴 부리로 물고기 등 먹잇감을 움켜잡아요.

재봉새, 아시아.
재봉새의 아늑한 둥지는 거미줄과 풀,
연한 나뭇잎을 이어서 만들어요.

재봉새

새들이 만드는 둥지는 예술 작품이 되기도 해요. 남아시아에 사는 재봉새는 언제나 바삐 움직이며, 세상에서 가장 놀랍고도 멋진 둥지를 만든답니다. 둥지 짓는 일은 암컷이 도맡아요. 우선 나무나 덤불에서 보기 좋고 튼튼한 나뭇잎을 골라요. 그러고 나서 발로 나뭇잎을 둥글게 구부려서 컵 모양으로 만들지요. 이제 뾰족한 부리로 나뭇잎 끝자락에 작은 구멍을 뚫어요. 마지막으로, 부리를 바늘처럼 사용해서 나무껍질이나 거미줄을 구멍에 넣고 꿰매지요. 이렇게 해서 나뭇잎을 한데 묶어요. 여러분의 짐작대로 재봉새는 바느질을 할 줄 알아요! 완성된 둥지에서는 새끼 다섯 마리까지 안전하게 지낼 수 있어요.

재봉새는 약 200번 바느질하여 둥지를 만들어요.

쿠바토디, 쿠바.
수컷과 암컷 토디는 생김새가
똑같아요. 그래서 누가 수컷이고
암컷인지 구분하기 힘들지요.

쿠바토디는 테니스공보다 작아요.
하지만 훨씬 알록달록하지요!

쿠바토디

이 작은 새는 밝은 물감으로 여기저기 칠한 것 같아요. 초록색이며 빨간색, 파란색, 분홍색 깃털이 이렇게 특이하게 조합된 새는 쿠바토디 말고는 없지요. 전 세계에 토디 새는 단 다섯 종만 있는데, 모두 카리브 제도에 살아요. 쿠바토디는 유일하게 쿠바에서만 볼 수 있답니다.

이렇게 화려한 자태를 뽐내는데도, 쿠바토디는 좀처럼 알아보기 힘들어요. 숲에 가만히 앉아 있기를 좋아해서 놓치기 십상이죠. 하지만 곤충이 빠르게 날아가면, 앉아 있던 자리에서 잽싸게 날아가 낚아채요. 일상이 바쁜 이 작은 새는 새끼에게 곤충을 하루에 최대 140마리까지 먹인답니다.

벌새

보라벌새, 중앙아메리카.
구부러진 부리 덕에 보라벌새는 관 모양 꽃에서 꿀을 빨아먹을 수 있어요.

적갈색꼬리벌새, 중앙아메리카.
정원에 설탕물 모이통을 만들어 두면 적갈색꼬리벌새가 먹으러 와요.

꼬마벌새, 쿠바.
이 작은 새가 만드는 둥지는 겨우 음료수 병 뚜껑만 하답니다!

안나벌새, 북아메리카.
수컷은 머리와 목이 분홍색이며 빛을 받아 반짝여요.

라켓꼬리벌새, 남아메리카 북부.
라켓꼬리벌새의 수컷은 번식기에 기다란 꼬리를 뽐내요.

호사뺨벌새, 남아메리카 북부.
수컷은 덥수룩한 볏이 달려 있으며, 볼에 부채 같은 멋진 깃털이 있어요.

적갈색벌새, 북아메리카.
이 작은 적갈색벌새는 여름과 겨울에 1,500킬로미터나 비행한답니다.

벌새는 유일하게 뒤로 날 수 있는 새랍니다.

검부리벌새, 남아메리카 북서부.
부리 좀 보세요! 그 어떤 새도 이 벌새처럼 부리가 몸통보다 길지 않아요.

벌새는 조류 세계의 요정이에요. 작고 반짝반짝 빛나는 몸으로 숲 이곳저곳을 날아다니지요. 몸집이 작은 꼬마벌새는 세계에서 가장 작은 새랍니다! 벌새가 앞뒤로 쌩하니 지나가면 도저히 따라갈 수 없어요. 벌새는 1초에 200번까지 날갯짓을 해요. 벌이 시끄럽게 날갯짓하는 듯한 소리를 내지요. 그래서 벌새라는 이름이 생겼어요. 이렇게 활발하게 움직이다 보니 에너지가 엄청나게 많이 필요해요. 그래서 하루 종일 꽃 주위를 맴돌며 달콤한 꿀물을 마신답니다.

벌새는 북아메리카와 중앙아메리카, 남아메리카에 살며 대부분 숲에서 볼 수 있지요. 하지만 사람들이 벌새를 위해 만들어 놓은 설탕물 모이통에 이끌려 정원을 찾아오기도 한답니다.

펭귄
펭귄은 통통한 몸과 검고 하얀 깃털로 금세 알아볼 수 있어요. 펭귄들은 물속에서 사냥할 수 있도록 적응했지요. 다른 새들과 달리 펭귄의 뼈는 밀도가 높아서 잠수하기에 알맞고 빳빳한 깃털이 두꺼운 층을 이루어 물속에서도 따스하게 체온을 유지할 수 있어요.

벌새
벌새는 매우 빠르게 날갯짓하기 때문에 우리 눈에는 흐릿하게 보여요. 벌새와 칼새 모두 '칼새목(Apodiformes)'이라는 학명에 속해 있는데, '발이 없다'는 뜻이에요. 물론 발이 없는 것은 아니지만, 일반적으로 나는 모습만 보여서 이런 이름이 붙은 것이랍니다.

생명의 나무

세상에는 매우 다양한 종류의 새들이 있어요. 이 책에는 새들의 놀랄 만큼 다양한 특징을 정말 맛보기 정도밖에 싣지 못했어요. 과학자들은 이 세상의 새들을 약 40목으로 나누었어요. 목은 다시 '과'라는 더 작은 종류로 쪼개집니다. 여기 생명의 나무는 새들이 서로 어떤 관계에 있는지 알려 주어요.

닭
닭과 꿩, 공작, 뿔닭, 호주숲칠면조 등이 속한 닭목은 매우 다양하게 분류되어요. 대부분 땅 위에 살고 잘 날지 못하지만, 깃털은 놀라울 정도로 아름답답니다. 일반적으로 식물과 작은 동물을 모두 먹는 잡식성이에요.

용어 풀이

가축 사람이 고기와 털을 얻거나 일을 시키기 위해, 또는 반려용으로 기르는 동물.

겨울잠 동물이 겨울 내내 깊은 잠에 드는 것. 몇 달씩 지속될 때도 있어요.

곤충 다리 여섯 개에 세 부분으로 이루어져 있는 무척추동물. 곤충은 날개가 달린 경우가 많아요.

공룡 약 2억 4300만 년 전부터 6600만 년 전까지 지구를 지배했던 파충류. 새는 공룡의 일종에서 진화했으며, 깃털이 있고 딱딱한 껍데기가 있는 알을 낳는 등 공룡과 비슷한 점이 많아요.

구애 사랑을 구하는 것. 동물들은 짝의 마음을 끌어들이려고 춤을 추기도 하고, 밝고 알록달록한 깃털이나 몸의 장식을 뽐내요. 큰 소리로 울어서 암컷을 부르기도 하지요.

깃털 우리 머리카락과 같은 물질로 이루어진 얇고 납작한 구조물로, 새에게만 있어요. 깃털은 새의 몸을 덮어서 따스하게 유지해 주고 물에 젖지 않게 하지요. 공중 위로 날아오를 때에도 도움이 되며 밝고 알록달록한 색이 많답니다.

꽃가루받이 꽃가루가 암술머리에 옮겨 붙는 일. 이를 통해 식물이 씨앗을 만들 수 있어요. 꽃가루는 새나 곤충 같은 동물들 몸에 묻어 옮겨지고는 해요.

꽃꿀 꽃이 만드는 달콤한 액체. 곤충과 새가 꽃으로 와서 꿀을 빨아 먹어요.

날개 새의 팔에 해당하는 부분으로 깃털로 덮여 있어요. 날개는 새들이 어떻게 쓰느냐에 따라 모양이 저마다 달라요. 예를 들어, 길고 얇은 날개는 하늘로 날아오르는 데 알맞지요.

둥지 새들이 알을 낳으려고 짓는 보금자리. 둥지는 나뭇가지와 진흙, 거미줄, 이끼, 나뭇잎, 나무뿌리, 여기에 새의 침까지 더해 만들어요. 새들 대부분은 번식기마다 새로운 둥지를 지어요.

맹금류 올빼미와 독수리, 매 등이 속한 새들로, 날카로운 부리와 발톱으로 다른 동물을 사냥해서 잡아먹어요.

멸종 위기 야생 동물이 매우 희귀해지는 것. 우리가 행동에 나서지 않으면, 멸종 위기 동물은 이 세상에서 영영 사라지게 돼요.

무지갯빛 몇몇 새의 깃털에서 보이는 다채로운 빛. 깃털의 구조 때문에 보이는 현상이에요.

물갈퀴 발가락 사이가 가죽으로 연결된 것. 물에 사는 새들은 대체로 물갈퀴가 있어서 헤엄을 잘 쳐요.

물고기 등뼈가 있는 동물로 평생을 물에 살고 아가미로 숨을 쉬어요.

밀랍 벌집을 만들기 위해 벌이 분비하는 노란색 물질. 벌의 배 아래쪽에서 나와요.

반향 위치 측정 메아리로 돌아오는 소리를 듣고 사물의 거리를 알아내는 것. 박쥐와 쏙독새와 같은 일부 새들이 반향 위치 측정을 이용해서 어둠 속에서도 방향을 잃지 않고, 먹이나 갈 길을 찾아요.

번식기 1년 중 동물이 새끼를 낳는 시기.

볏 몇몇 새들의 머리 위에 있는 깃털 다발. 짝에게 보여 주고 싶을 때 사용해요.

보호종 멸종 위기에 처한 동물과 식물을 보호하기 위해 지정한 종.

부리 새의 입을 이루는 신체 기관. 부리는 음식을 집거나 깃털을 다듬는 등 다양한 역할을 해요.

비늘 동물의 몸을 덮고 있는 딱딱하고 평평한 딱지. 새는 주로 다리와 발에 비늘이 있지요.

사막 비가 거의 오지 않는 지역. 사막은 보통 모래가 많고, 아주 덥거나 추워요.

새의 몸단장 새들이 부리로 깃털을 평평하게 다듬는 행동. 깃털에 방수 기름을 묻히기도 해요.

색소 색깔을 내는 물질.

서식지 동물과 식물 등 생명체가 발견되는 장소. 서식지는 땅 또는 물이 될 수 있어요. 특정 서식지에만 사는 동물이 많아요.

솜털 새들에게 솜털은 체온을 따스하게 유지할 때 필요해요. 어린 새들은 보송보송한 솜털만 있어요.

습지 키 작은 식물이 자라는 지역으로 매우 축축하고 끊임없이 홍수가 일어나는 곳.

시야 눈으로 볼 수 있는 범위.

야행성 동물 밤에 활발히 움직이는 동물을 이르는 말.

위장 동물이 자기가 사는 곳에서 포식자의 눈을 피하려고 색깔이나 무늬로 몸을 숨기는 것.

잡식 식물과 다른 동물을 가리지 않고 모두 먹는 것.

종 특정한 종류의 동물과 식물 또는 생명체. 예를 들어 타조와 뱀눈새는 다른 종류의 새예요. 같은 종끼리는 짝짓기를 하여 새끼를 낳을 수 있지만, 다른 종의 새와는 번식하지 않아요.

진화 어떤 종이 긴 시간에 걸쳐 바뀌는 과정. 그러다 어느 순간에는 너무 달라져서 아예 새로운 종이 생기기도 해요.

퇴화 생물이 진화하면서, 살아가는 데 필요 없는 기관들이 점점 작아지거나 사라지는 것.

파충류 등뼈가 있는 동물로, 피부가 거칠고 단단한 비늘로 덮여 있어요. 대개 알을 낳지요. 뱀과 도마뱀, 거북 등이 파충류에 속해요.

포식 동물 다른 동물, 즉 먹잇감을 사냥하는 동물.

화석 수백만 년 전에 살던 생물의 남은 흔적. 화석은 뼈와 같은 신체 일부 또는 발자국같이 일상생활에서 남기고 간 것 모두가 될 수 있어요.

그림으로 보는 새들

자바공작, 4쪽
학명: Pavo muticus
사는 곳: 동남아시아
분류: 닭목
몸길이: 3미터

사다새, 6쪽
학명: Pelecanus crispus
사는 곳: 아시아와 유럽
분류: 사다새과
몸길이: 1.8미터

에뮤, 8쪽
학명: Dromaius novaehollandiae
사는 곳: 오스트레일리아
분류: 에뮤와 화식조과
몸길이: 1.7미터

아프리카대머리황새, 10쪽
학명: Leptoptilos crumenifer
사는 곳: 아프리카
분류: 황새과
몸길이: 1.5미터

뱀잡이수리, 12쪽
학명: Sagittarius serpentarius
사는 곳: 아프리카
분류: 매과
몸길이: 1.5미터

두루미, 14쪽
학명: Grus japonensis
사는 곳: 동아시아
분류: 두루미과
몸길이: 1.5미터

흑고니, 16쪽
학명: Cygnus atratus
사는 곳: 오스트레일리아
분류: 물새과
몸길이: 1.4미터

나그네알버트로스, 18쪽
학명: Diomedea exulans
사는 곳: 대서양, 태평양 및 남빙양
분류: 슴샛과
몸길이: 1.4미터

안데스콘도르, 20쪽
학명: Vultur gryphus
사는 곳: 남아메리카
분류: 신세계독수리
몸길이: 1.2미터

수염수리, 22쪽
학명: Gypaetus barbatus
사는 곳: 아프리카 및 아시아, 유럽
분류: 맹금류
몸길이: 1.2미터

부채머리수리, 26쪽
학명: Harpia harpyja
사는 곳: 중앙아메리카 및 남아메리카
분류: 맹금류
몸길이: 1.05미터

느시, 28쪽
학명: Otis tarda
사는 곳: 아시아와 유럽
분류: 느시과
몸길이: 1.05미터

붉은꼬리열대새, 30쪽
학명: Phaethon rubricauda
사는 곳: 인도양 및 태평양
분류: 열대새과
몸길이: 1.05미터

하야신스금강앵무, 32쪽
학명: Anodorhynchus hyacinthinus
사는 곳: 남아메리카
분류: 앵무과
몸길이: 1미터

큰군함조, 34쪽
학명: Fregata minor
사는 곳: 열대 바다
분류: 가마우지과
몸길이: 1미터

꼬마홍학, 36쪽
학명: Phoeniconaias minor
사는 곳: 아프리카 및 아시아
분류: 홍학과
몸길이: 1미터

큰거문고새, 40쪽
학명: Menura novaehollandiae
사는 곳: 오스트레일리아
분류: 참새류
몸길이: 1미터

민물가마우지, 42쪽
학명: Phalacrocorax carbo
사는 곳: 아프리카 및 아시아, 유럽, 북아메리카, 오세아니아
분류: 가마우지과
몸길이: 1미터

검은부리아비, 44쪽
학명: Gavia immer
사는 곳: 유럽 및 북아메리카
분류: 아비과
몸길이: 91센티미터

붉은다리카리아마, 46쪽
학명: Cariama cristata
사는 곳: 남아메리카
분류: 느시사촌류
몸길이: 90센티미터

코뿔새, 48쪽
학명: Buceros rhinoceros
사는 곳: 동남아시아
분류: 코뿔새와 후투티과
몸길이: 90센티미터

꿩, 50쪽
학명: Phasianus colchicus
사는 곳: 아시아 및 유럽, 북아메리카
분류: 닭목
몸길이: 89센티미터

가마우지, 52쪽
학명: Anhinga anhinga
사는 곳: 북아메리카 및 남아메리카
분류: 가마우지과
몸길이: 89센티미터

진홍저어새, 54쪽
학명: Platalea ajaja
사는 곳: 북아메리카 및 남아메리카
분류: 홍학과
몸길이: 85센티미터

푸른발부비새, 56쪽
학명: Sula nebouxii
사는 곳: 북아메리카 및 남아메리카
분류: 가마우지과
몸길이: 84센티미터

흰기러기, 58쪽
학명: Anser caerulescens
사는 곳: 북아메리카
분류: 물새과
몸길이: 83센티미터

알락해오라기, 60쪽
학명: Botaurus stellaris
사는 곳: 아프리카 및 아시아, 유럽
분류: 홍학과
몸길이: 80센티미터

적색야계, 62쪽
학명: Gallus gallus
사는 곳: 아시아
분류: 닭목
몸길이: 78센티미터

호주숲칠면조, 64쪽
학명: Alectura lathami
사는 곳: 오스트레일리아
분류: 닭목
몸길이: 70센티미터

주홍따오기, 66쪽
학명: Eudocimus ruber
사는 곳: 남아메리카
분류: 홍학과
몸길이: 70센티미터

큰회색올빼미, 68쪽
학명: Strix nebulosa
사는 곳: 아시아 및 유럽, 북아메리카
분류: 올빼미과
몸길이: 69센티미터

큰까마귀, 72쪽
학명: Corvus corax
사는 곳: 아프리카 및 아시아, 유럽, 북아메리카
분류: 참새류
몸길이: 69센티미터

유럽재갈매기, 74쪽
학명: Larus argentatus
사는 곳: 유럽
분류: 물떼새류
몸길이: 67센티미터

호아친, 76쪽
학명: Opisthocomus hoazin
사는 곳: 남아메리카
분류: 호아친과
몸길이: 66센티미터

케찰, 78쪽
학명: Pharomachrus mocinno
사는 곳: 중앙아메리카
분류: 트로곤과 케찰과
몸길이: 65센티미터

올빼미앵무, 80쪽
학명: Strigops habroptila
사는 곳: 뉴질랜드
분류: 앵무과
몸길이: 64센티미터

호로새, 82쪽
학명: Numida meleagris
사는 곳: 아프리카
분류: 닭목
몸길이: 63센티미터

토코투칸, 84쪽
학명: Ramphastos toco
사는 곳: 남아메리카
분류: 딱따구리와 큰부리새과
몸길이: 61센티미터

로드러너, 86쪽
학명: Geococcyx californianus
사는 곳: 북아메리카
분류: 뻐꾸기과
몸길이: 56센티미터

흰줄박이오리, 88쪽
학명: Histrionicus histrionicus
사는 곳: 아시아 및 유럽, 북아메리카
분류: 물새과
몸길이: 54센티미터

뿔논병아리, 90쪽
학명: Podiceps cristatus
사는 곳: 아프리카 및 아시아, 유럽, 오세아니아
분류: 논병아리류
몸길이: 51센티미터

뻐꾸기파랑새, 92쪽
학명: Leptosomus discolor
사는 곳: 마다가스카르
분류: 뻐꾸기파랑새목
몸길이: 50센티미터

몬테수마오로펜돌라, 94쪽
학명: Psarocolius montezuma
사는 곳: 멕시코 및 중앙아메리카
분류: 참새류
몸길이: 50센티미터

쏙독새, 98쪽
학명: Steatornis caripensis
사는 곳: 남아메리카
분류: 쏙독새과
몸길이: 50센티미터

뱀눈새, 100쪽
학명: Eurypyga helias
사는 곳: 중앙아메리카 및 남아메리카
분류: 뱀눈새과
몸길이: 48센티미터

검은댕기해오라기, 102쪽
학명: Butorides virescens
사는 곳: 북아메리카 및 중앙아메리카
분류: 홍학과
몸길이: 48센티미터

웃음물총새, 104쪽
학명: Dacelo novaeguineae
사는 곳: 오스트레일리아
분류: 물총새과
몸길이: 47센티미터

자메이카쏙독새, 106쪽
학명: Nyctibius jamaicensis
사는 곳: 카리브 해 및 중앙아메리카
분류: 쏙독새과
몸길이: 46센티미터

도가머리딱따구리, 108쪽
학명: Dryocopus pileatus
사는 곳: 북아메리카
분류: 딱따구리과
몸길이: 46센티미터

작은반점키위, 110쪽
학명: Apteryx owenii
사는 곳: 뉴질랜드
분류: 키위과
몸길이: 45센티미터

쇠푸른펭귄, 112쪽
학명: Eudyptula minor
사는 곳: 오스트레일리아 및 뉴질랜드
분류: 펭귄과
몸길이: 45센티미터

매, 114쪽
학명: Falco peregrinus
사는 곳: 남극을 제외한 전 세계
분류: 매과
몸길이: 45센티미터

케이프사탕새, 116쪽
학명: Promerops cafer
사는 곳: 남아프리카
분류: 참새류
몸길이: 43센티미터

리빙스턴투라코, 118쪽
학명: Tauraco livingstonii
사는 곳: 아프리카
분류: 투라코과
몸길이: 43센티미터

큰뒷부리도요, 120쪽
학명: Limosa lapponica
사는 곳: 아프리카 및 아시아, 유럽, 북아메리카, 오세아니아
분류: 물떼새류
몸길이: 41센티미터

흰바다제비, 122쪽
학명: Pagodroma nivea
사는 곳: 남극 및 남빙양
분류: 슴샛과
몸길이: 40센티미터

모리셔스분홍비둘기, 124쪽
학명: Nesoenas mayeri
사는 곳: 모리셔스
분류: 비둘기과
몸길이: 40센티미터

회색앵무, 126쪽
학명: Psittacus erithacus
사는 곳: 아프리카
분류: 앵무과
몸길이: 39센티미터

댕기바다오리, 128쪽
학명: Fratercula cirrhata
사는 곳: 아시아 및 북아메리카
분류: 물떼새류
몸길이: 38센티미터

가위꼬리딱새, 130쪽
학명: Tyrannus forficatus
사는 곳: 북아메리카 및 중앙아메리카
분류: 참새류
몸길이: 38센티미터

물닭, 132쪽
학명: Fulica atra
사는 곳: 아시아 및 아프리카, 유럽, 오세아니아
분류: 두루미과
몸길이: 38센티미터

북극제비갈매기, 134쪽
학명: Sterna paradisaea
사는 곳: 전 세계 대양
분류: 물떼새류
몸길이: 38센티미터

뻐꾸기, 136쪽
학명: Cuculus canorus
사는 곳: 아프리카 및 아시아, 유럽
분류: 뻐꾸기과
몸길이: 33센티미터

흰제비갈매기, 140쪽
학명: Gygis alba
사는 곳: 인도양 및 태평양
분류: 물떼새류
몸길이: 33센티미터

목도리도요, 142쪽
학명: Calidris pugnax
사는 곳: 아프리카 및 아시아, 유럽
분류: 물떼새류
몸길이: 32센티미터

후투티, 144쪽
학명: Upupa epops
사는 곳: 아프리카 및 아시아, 유럽
분류: 코뿔새와 후투티과
몸길이: 32센티미터

안데스바위새, 146쪽
학명: Rupicola peruvianus
사는 곳: 남아메리카
분류: 참새류
몸길이: 32센티미터

파랑어치, 148쪽
학명: Cyanocitta cristata
사는 곳: 북아메리카
분류: 참새류
몸길이: 30센티미터

수염방울새, 150쪽
학명: Procnias averano
사는 곳: 남아메리카
분류: 참새류
몸길이: 28센티미터

나마쿠아사막꿩, 152쪽
학명: Pterocles namaqua
사는 곳: 아프리카
분류: 사막꿩과
몸길이: 28센티미터

쿠바트로곤, 154쪽
학명: Priotelus temnurus
사는 곳: 쿠바
분류: 트로곤과 케찰과
몸길이: 28센티미터

킬디어, 156쪽
학명: Charadrius vociferus
사는 곳: 북아메리카 및 중앙아메리카, 남아메리카
분류: 물떼새과
몸길이: 26센티미터

불꽃바우어새, 158쪽
학명: Sericulus ardens
사는 곳: 뉴기니
분류: 참새류
몸길이: 25센티미터

긴꼬리마나킨, 160쪽
학명: Chiroxiphia linearis
사는 곳: 중앙아메리카
분류: 참새류
몸길이: 23센티미터

유럽찌르레기, 162쪽
학명: Sturnus vulgaris
사는 곳: 아프리카 및 아시아, 유럽
분류: 참새류
몸길이: 22센티미터

북부홍관조, 166쪽
학명: Cardinalis cardinalis
사는 곳: 북아메리카
분류: 참새류
몸길이: 22센티미터

요란팔색조, 168쪽
학명: Pitta versicolor
사는 곳: 오세아니아
분류: 참새류
몸길이: 21센티미터

흰가슴물까마귀, 170쪽
학명: Cinclus cinclus
사는 곳: 아시아 및 유럽
분류: 참새류
몸길이: 21센티미터

황여새, 172쪽
학명: Bombycilla garrulus
사는 곳: 아시아 및 유럽, 북아메리카
분류: 참새류
몸길이: 21센티미터

큰꿀잡이새, 174쪽
학명: Indicator indicator
사는 곳: 아프리카
분류: 딱따구리과
몸길이: 20센티미터

사랑앵무, 176쪽
학명: Melopsittacus undulatus
사는 곳: 오스트레일리아
분류: 앵무과
몸길이: 20센티미터

푸어윌쏙독새, 178쪽
학명: Phalaenoptilus nuttallii
사는 곳: 북아메리카
분류: 쏙독새과
몸길이: 20센티미터

쇠벌잡이새, 180쪽
학명: Merops pusillus
사는 곳: 아프리카
분류: 물총새과
몸길이: 17센티미터

검은등칼새, 182쪽
학명: Apus apus
사는 곳: 아프리카 및 아시아, 유럽
분류: 벌새와 칼새과
몸길이: 17센티미터

윌슨극락조, 186쪽
학명: Diphyllodes respublica
사는 곳: 인도네시아
분류: 참새류
몸길이: 16센티미터

참새, 188쪽
학명: Passer domesticus
사는 곳: 남극을 제외한 전 세계
분류: 참새류
몸길이: 16센티미터

딱따구리핀치, 190쪽
학명: Camarhynchus pallidus
사는 곳: 갈라파고스 제도
분류: 참새류
몸길이: 15센티미터

집단베짜기새, 192쪽
학명: Philetairus socius
사는 곳: 아프리카
분류: 참새류
몸길이: 14센티미터

오목눈이, 194쪽
학명: Aegithalos caudatus
사는 곳: 아시아 및 유럽
분류: 참새류
몸길이: 14센티미터

유럽울새, 196쪽
학명: Erithacus rubecula
사는 곳: 아프리카 및 아시아, 유럽
분류: 참새류
몸길이: 14센티미터

요정올빼미, 198쪽
학명: Micrathene whitneyi
사는 곳: 북아메리카
분류: 올빼미과
몸길이: 14센티미터

진홍꿀먹이새, 200쪽
학명: Drepanis coccinea
사는 곳: 하와이
분류: 참새류
몸길이: 14센티미터

요정굴뚝새, 202쪽
학명: Marulus cyaneus
사는 곳: 오스트레일리아
분류: 참새류
몸길이: 14센티미터

검은등난쟁이물총새, 204쪽
학명: Ceyx erithaca
사는 곳: 아시아
분류: 물총새과
몸길이: 14센티미터

재봉새, 206쪽
학명: Orthotomus sutorius
사는 곳: 아시아
분류: 참새류
몸길이: 13센티미터

쿠바토디, 208쪽
학명: Todus multicolor
사는 곳: 쿠바
분류: 물총새과
몸길이: 11센티미터

꼬마벌새, 210쪽
학명: Mellisuga helenae
사는 곳: 쿠바
분류: 벌새와 칼새과
몸길이: 6센티미터

100가지 사진으로 보는
새들의 신비

1판 1쇄 발행 2025년 7월 31일
지은이 벤 호어
그린이 안젤라 리자, 다니엘 롱
옮긴이 김미선
감수 이정모

펴낸곳 (주)도서출판 책과함께
주소 서울시 마포구 동교로 70 소와소빌딩 2층
전화 02-335-1982 **팩스** 02-335-1316
전자우편 prpub@daum.net
블로그 blog.naver.com/prpub
등록 2003년 4월 3일 제2003-000392호
ISBN 979-11-94263-37-1 73490
ISBN 979-11-92913-27-8 (세트)

이 책의 한국어판 저작권은 영국 'Dorling Kindersley'와의
독점 계약으로 ㈜도서출판 책과함께가 소유합니다.
저작권법에 의하여 한국 내에서 보호를 받는 저작물이므로
무단 전재 및 복제를 금합니다.

An Anthology of Exquisite Birds

First published in Great Britain in 2024 by
Dorling Kindersley Limited
DK, One Embassy Gardens, 8 Viaduct Gardens,
London, SW11 7BW

Copyright©Dorling Kindersley Limited, 2024
A Penguin Random House Company
All rights reserved.
Korean Translation Copyright©CUM LIBRO 2025

Printed and bound in China

www.dk.com

지은이 **벤 호어**

벤 호어는 아주 어렸을 때부터 야생에 푹 빠져 살았어요. 그는 《BBC 와일드 라이프》 지의 편집장이며, DK 북스의 편집자이자 작가·자문 위원으로 활약했습니다. 2015년에는 영국왕립조류협회에서 주는 딜리스 브리즈 메달을 받았으며, 지은 책으로 《DK 100가지 사진으로 보는 동물의 신비》, 《경이로운 곤충 팝업북》 등이 있습니다.

그린이 **안젤라 리자**

안젤라 리자는 집 주변의 야생 동물과 어린 시절 가장 좋아하던 이야기에서 영감을 받습니다. 어린이 책을 작업할 때에는 내면의 아이가 좋아할 이미지를 떠올리고, 독자들의 관심을 사로잡을 내용과 색상을 마음껏 넣어 수준 높은 그림을 그립니다.

그린이 **다니엘 롱**

다니엘 롱은 어렸을 때 야생 동물에 푹 빠져 살았습니다. 지금도 주로 자연의 세계에 영향을 받은 그림을 계속 그리고 있지요. 쥐라기의 공룡이든 아마존 열대 우림에 사는 거미원숭이, 재규어 또는 그가 사는 곳 근처 국립 공원의 물총새와 수달이든 가리지 않아요.

옮긴이 **김미선**

중앙대학교 사학과 졸업 후 미국 마켓 대학교에서 커뮤니케이션으로 석사 학위를 받았으며, 현재 어린이·청소년 출판 기획 및 번역을 하고 있습니다. 옮긴 책으로 《아홉 살에 처음 만나는 별자리》, 《어린이를 위한 세계사 상식 500》, 《어쩌다 고고학자들》 등이 있습니다.

감수 **이정모**

서대문자연사박물관, 서울시립과학관, 국립과천과학관에서 관장으로 재직했고, 2019년 과학 대중화에 기여한 공로로 과학기술훈장 진보상을 받았으며, 《찬란한 멸종》, 《과학의 눈으로 세상을 봅니다》 등 여러 도서를 썼습니다.

일러두기

이 책의 용어들은 대체로 〈표준국어대사전〉을 따랐고, 〈두산백과사전〉, 〈한국민족문화대백과〉 등을 참조했습니다. 이 책의 일부 서술은 한국 독자의 이해를 돕고 과학적 사실에 부합하기 위해 원서의 내용을 약간 수정한 것임을 밝힙니다.

사진 출처

사진 사용을 허락해 주신 분들께 감사 말씀을 드립니다.

(Key: a-above; b-below/bottom; c-centre; f-far; l-left; r-right; t-top)

4-5 123RF.com: iamtk. **6-7 Shutterstock.com:** JakIZdenek. **8-9 Shutterstock.com:** Cassandra Cury. **10-11 naturepl.com:** Sylvain Cordier. **12-13 123RF.com:** Johanswan. **14-15 Alamy Stock Photo:** Papilio / Robert Pickett. **16 Alamy Stock Photo:** FLPA. **19 Shutterstock.com:** Agami Photo Agency. **20-21 Thomas Fuhrmann:** www.snowmanstudios.de. **23 Depositphotos Inc:** Slowmotiongli. **24 Dorling Kindersley:** Peter Minister, Digital Sculptor (cr). **25 Alamy Stock Photo:** Clarence Holmes Wildlife (br); Nature Photographers Ltd / Paul R. Sterry (crb). **Dorling Kindersley:** Jon Hughes (ca). **Dreamstime.com:** Dragoneye (bc). **Phillip Krzeminski:** (c). **26-27 Alamy Stock Photo:** Teila K. Day Photography. **28-29 Dreamstime.com:** Volodymyr Byrdyak. **30-31 Jacob Drucker. 32-33 Alamy Stock Photo:** Nature Picture Library / Bence Mate. **34-35 Alamy Stock Photo:** DanitaDelimont / Yuri Choufour. **36 Shutterstock.com:** Bruce Seabrook. **38 Alamy Stock Photo:** Mats Janson (bl). **Dreamstime.com:** Agami Photo Agency (tl); Jim Cumming (cl). **38-39 Alamy Stock Photo:** Monkey Business (tc); Nature Photographers Ltd / Paul R. Sterry (bc). **39 Alamy Stock Photo:** Blickwinkel / McPHOTO / MAS (cla); Kevin Elsby (bl); FLPA (br). **Dreamstime.com:** Dwiputra18 (crb). **Shutterstock.com:** Robert Harding Video (tr). **40-41 Alamy Stock Photo:** Minden Pictures. **43 Alamy Stock Photo:** Nature Picture Library / Markus Varesvuo. **44 Alamy Stock Photo:** All Canada Photos / Roberta Olenick. **46 Kacau Oliviera / Solent News & Photo Agency. 49 naturepl.com:** Tim Laman. **50 Depositphotos Inc:** JakubMrocek (t). **Shutterstock.com:** Wang LiQiang (bl); Wang LiQiang (br). **51 Dreamstime.com:** Diego Grandi (r). **Shutterstock.com:** Sunti (bl). **52-53** Sarathlal Sasidharan. **54-55 Dreamstime.com:** Isselee. **56-57 Alamy Stock Photo:** Minden Pictures / Ingo Arndt. **58-59 naturepl.com:** Jack Dykinga. **60-61 Alamy Stock Photo:** Minden Pictures / Cees Uri / NIS. **62-63 Shutterstock.com:** Foto Journey. **65 naturepl.com:** BIA / Jan Wegener. **66-67 Alamy Stock Photo:** Nature Picture Library / Sylvain Cordier. **68-69 Shutterstock.com:** Jim Cumming. **70 naturepl.com:** Charlie Hamilton James (ca); Photo Ark / Joel Sartore (cb); Michael D. Kern (br). **Science Photo Library:** Natural History Museum, London (tc). **70-71 naturepl.com:** Yves Lanceau (t); Staffan Widstrand (ca). **71 Alamy Stock Photo:** imageBROKER / Phil McLean (bl). **naturepl.com:** Michael Durham (cra). **Science Photo Library:** Mark Sykes (tl); Dr Keith Wheeler (tc). **72-73 naturepl.com:** Niall Benvie. **74-75 Science Photo Library:** Chris Hellier. **76-77 Alamy Stock Photo:** Minden Pictures / Nate Chappell / BIA. **78-79 Getty Images:** 500px / Daniel Parent. **80 Sam O'Leary. 82-83 Alamy Stock Photo:** Blickwinkel / McPHOTO / MAS. **84-85 Shutterstock.com:** Eric Isselee. **86-87 Getty Images:** Moment / Jeff R Clow. **88-89 naturepl.com:** Gerrit Vyn. **90-91 Alamy Stock Photo:** Mark Sandbach. **92 ©Paul van Giersbergen. 93 Science Photo Library:** Tony Camacho. **94-95 Alamy Stock Photo:** Minden Pictures / Steve Gettle. **96 Alamy Stock Photo:** Era-Images / Colin Harris (br); Minden Pictures / Konrad Wothe (tc); imageBROKER / Frank Derer (tr); William Leaman (bl). **Dreamstime.com:** Danita Delimont (cl). **97 Alamy Stock Photo:** imageBROKER / Neil Bowman (tr); Minden Pictures / Ingo Arndt (tl); Dominic Robinson (bl); Cro Magnon (br). **Shutterstock.com:** Feng Yu (cb). **98-99 Shutterstock.com:** Traveller MG. **100-101 Getty Images / iStock:** GlobalP. **102-103 123RF.com:** Gonepaddling. **104-105 Alamy Stock Photo:** Christian Htter. **106-107 Shutterstock.com:** Fabio Maffei. **108 Alamy Stock Photo:** Minden Pictures / Donald M. Jones. **110-111 Alamy Stock Photo:** Nature Picture Library / Tui De Roy. **112-113 Alamy Stock Photo:** Auscape International Pty Ltd / Ian Beattie / Auscape. **114-115 naturepl.com:** Luke Massey. **116-117 Getty Images / iStock:** Neil Bowman. **119 naturepl.com:** Roland Seitre. **121 naturepl.com:** Markus Varesvuo. **122-123 Depositphotos Inc:** Tarpan. **124 Alamy Stock Photo:** Peter Schickert (b). **Minden Pictures:** Martin Withers (tr). **naturepl.com:** Ann & Steve Toon (tl). **125 Alamy Stock Photo:** Biosphoto / Jean-Francois Noblet (c); Minden Pictures / Hans Glader / BIA (bl); Minden Pictures / Greg Oakley / BIA (br). **Getty Images:** Moment / Rapeepong Puttakumwong (tr). **126-127 Depositphotos Inc:** Lifeonwhite. **128-129 © Christopher Dodds:** www.chrisdoddsphoto.com. **130-131 naturepl.com:** Alan Murphy. **132-133 Alamy Stock Photo:** Minden Pictures / Natalia Paklina / Buiten-beeld. **134-135 Dreamstime.com:** Hakoar. **136-137 naturepl.com:** Hermann Brehm. **138 Getty Images:** Corbis / Paul Starosta (tl); Corbis / Paul Starosta (tc); Corbis / Paul Starosta (bl); Corbis / Paul Starosta (crb). **139 Alamy Stock Photo:** Science History Images / Photo Researchers (cla). **Dreamstime.com:** Isselee (br). **Getty Images:** Corbis / Paul Starosta (tc); Corbis / Paul Starosta (clb). **Science Photo Library:** DK Images (tr). **141 Alamy Stock Photo:** Oliver Smart. **142 Depositphotos Inc:** Davem1972 (b). **143 Alamy Stock Photo:** Minden Pictures / Winfried Wisniewski. **144-145 naturepl.com:** BIA / Thomas Hinsche. **146-147 naturepl.com:** Morley Read. **148-149 Alamy Stock Photo:** Chris Hennessy. **150 Douglas Greenberg. 152-153 Alamy Stock Photo:** Blickwinkel / M. Woike. **154-155 Alamy Stock Photo:** All Canada Photos / Glenn Bartley. **156 Alamy Stock Photo:** James Schaedig. **158 Getty Images / iStock:** Banu R. **160-161 Getty Images:** Moment / © Juan Carlos Vindas. **162-163 Dreamstime.com:** Agdbeukhof. **164 Alamy Stock Photo:** Blickwinkel / McPHOTO / MAS (cr); Jerome Murray - CC (tr); McPhoto / Rolfes (cla). **164-165 Alamy Stock Photo:** Raimund Linke (c). **165 Alamy Stock Photo:** AGAMI Photo Agency / Ralph Martin (tr); Steve Cushing (tc); David DesRochers (cra); Blickwinkel / Mcphoto / Mas (br). **166-167 Dreamstime.com:** Thomas Torget. **168-169 Alamy Stock Photo:** Minden Pictures / Eric Sohn Joo Tan / BIA. **170-171 naturepl.com:** Markus Varesvuo. **172 Alamy Stock Photo:** imageBROKER.com GmbH & Co. KG / D. Usher. **175 naturepl.com:** Roland Seitre. **176 naturepl.com:** Steven David Miller. **178-179 Alamy Stock Photo:** Rick & Nora Bowers. **180-181 Alamy Stock Photo:** Kit Day. **182-183 Shutterstock.com:** Dilomski. **184 Alamy Stock Photo:** AfriPics.com (bl); Trevor Collens (t); Panoramic Images (c). **Shutterstock.com:** Bildagentur Zoonar GmbH (crb). **185 Alamy Stock Photo:** Alan Spencer Norfolk (tc); Robertharding / G & M Therin-Weise (tr); Colin Varndell (br). **186-187 Alamy Stock Photo:** Minden Pictures / Ch'ien Lee. **188-189 naturepl.com:** Philippe Clement. **190 Alamy Stock Photo:** Minden Pictures / D. Parer & E. Parer-Cook. **192-193 Getty Images / iStock:** Wirestock. **194 Shutterstock.com:** Coulanges. **196-197 Shutterstock.com:** Kristian Bell. **198-199 Minden Pictures:** FLPA. **200-201 Shutterstock.com:** Kendall Collett. **203 Shutterstock.com:** Leonie Ailsa Puckeridge. **205 Getty Images / iStock:** Abdul Sameer. **206 Depositphotos Inc:** SyedFAbbas. **208-209 Shutterstock.com:** Milan Zygmunt. **210 Andy Morffew:** (tr;br). **Shutterstock.com:** Keneva Photography (bl); Richard Winston (tl); Piotr Poznan (cb). **211 Alamy Stock Photo:** All Canada Photos / Glenn Bartley (tr); Keith Allen (tl). **Getty Images / iStock:** Ken Canning (c). **212 123RF.com:** Keith Levit / keithlevit (cla); Mike Price / Mhprice (cr/Turacos). **Alamy Stock Photo:** Saverio Gatto (c); Peter Schickert (crb); Robertharding / James Hager (cb). **Depositphotos Inc:** Dianaarturovna (cr). **Dreamstime.com:** Inaras (ca/Penguins); Tarpan (c); Alexander Potapov (crb/Waterfowl). **Jacob Drucker:** (cra). **Minden Pictures:** Martin Withers (crb/Messites). **Shutterstock.com:** Foto Journey (crb/Gamebirds); Piotr Poznan (tr). **213 Alamy Stock Photo:** All Canada Photos / Glenn Bartley (c/Trogon); Gabbro (cra); VWPics / Jon G. Fuller (cra/Eagles); Wildlife / Robert McGouey (c). **Depositphotos Inc:** Lifeonwhite (tc); Panuruangjan (cra/Kingfisher). **Dreamstime.com:** Dragoneye (cb/Emu); Vasyl Helevachuk (cra/Hoopoe); Tupungato (cl/Herring gull); Sombra12 (cl); Igor Stramyk (clb); Rudolf Ernst (cb/Rheas); Isselee (bc); Isselee (bc/Kiwi). **Getty Images / iStock:** Ivkuzmin (cl). **naturepl.com:** Hermann Brehm (cla/Cuckoos); Photo Ark / Joel Sartore (cla/bustard). **Science Photo Library:** Tony Camacho (ca/Cuckoo roller). **Shutterstock.com:** Kristian Bell (tc/Songbirds); Traveller MG (tl); Eric Isselee (cr); Eric Isselee (cb/crested grebe). **Kacau Oliviera / Solent News & Photo Agency:** (cla) **Cover images:** Front: **123RF.com:** Kajornyot tc; **Alamy Stock Photo:** All Canada Photos / Glenn Bartley cra, Kit Day clb, Minden Pictures / Thomas Marent cla, WILDLIFE GmbH cl; **Depositphotos Inc:** Lifeonwhite crb; **Dreamstime.com:** Cowboy54 br, Perchhead tr; **Getty Images / iStock:** Guenterguni cra/(frigatebird); **naturepl.com:** Juergen & Christine Sohns bl
All other images © Dorling Kindersley Limited